DE LA INVESTIGACIÓN A LA PRÁCTICA EN EL AULA

LINGÜÍSTICA CONTRASTIVA Y ANÁLISIS DE ERRORES
(ESPAÑOL - PORTUGUÉS Y ESPAÑOL - CHINO)

COORDINADORA: INMACULADA PENADÉS MARTÍNEZ

AUTORAS: INMACULADA PENADÉS MARTÍNEZ
Mª EUGÊNIA OLÍMPIO DE OLIVEIRA SILVA
VALÉRIA TOMAZINI
CRISTINA APARECIDA DUARTE
TZU-JU LIN

COLECCIÓN: DE LA INVESTIGACIÓN A LA PRÁCTICA EN EL AULA

SERIE MASTER E/LE UNIVERSIDAD DE ALCALÁ
Dirigida por Pedro Benítez Pérez

© Editorial Edinumen 1999

Editorial Edinumen
Piamonte, 7
28004 - Madrid
Tfs.: 91 308 22 55 - 91 308 51 42
Fax: 91 319 93 09
e-mail: edinumen@mail.ddnet.es
Web: http://www.ddnet.es/numen
I.S.B.N.: 84-89756-28-7
Depósito Legal: M-33.700-1999
Maquetación: Juanjo López
Imprime:
    Gráficas Glodami
    Coslada (Madrid)

ÍNDICE

INMACULADA PENADÉS MARTÍNEZ
La lingüística contrastiva y el análisis de errores
desde la perspectiva del español 7

Mª EUGÊNIA OLÍMPIO DE OLIVEIRA SILVA
Propuesta para la elaboración de un diccionario
de unidades fraseológicas español - portugués 19

VALÉRIA TOMAZINI
Errores en algunas categorías gramaticales producidos por
lusohablantes brasileños aprendices de español 55

CRISTINA APARECIDA DUARTE
Errores de lusohablantes brasileños en el uso
de algunas preposiciones españolas 79

TZU-JU LIN
Errores en algunas categorías gramaticales producidos
por hablantes de chino aprendices de español 97

LA LINGÜÍSTICA CONTRASTIVA Y EL ANÁLISIS DE ERRORES DESDE LA PERSPECTIVA DEL ESPAÑOL

INMACULADA PENADÉS MARTÍNEZ
Universidad de Alcalá

1. La obra que el lector tiene en sus manos se ha titulado *Lingüística contrastiva y análisis de errores (español - portugués y español - chino)* porque comprende cuatro estudios[1] donde, a la par que se analizan ciertos errores producidos por hablantes del portugués de Brasil o del chino de Taiwan aprendices de español (de ahí la parte del título que figura entre paréntesis), se ofrecen explicaciones de esos usos erróneos para las que, en caso de ser necesario, se establece el contraste pertinente entre las unidades lingüísticas españolas sobre las que recae el error y las correspondientes unidades del portugués o del chino. Pero me basaré en el recurso estilístico de la intertextualidad para referirme a los *Avances en... lingüística aplicada*[2] y adelantar, por mi parte, una posible objeción: se producen éstos de manera tan rápida y vertiginosa, fundamentalmente por el progreso de la ciencia y por el desarrollo de las llamadas nuevas tecnologías, que, tal vez, pueda parecer *demodé* hablar a las puertas del siglo XXI de lingüística contrastiva y de análisis de errores en el sentido originario de los términos, a menos que se estén abordando esos ámbitos lingüísticos desde una perspectiva historiográfica. Son muchos ya, en efecto, los temas que actualmente englobamos bajo la denominación de lingüística aplicada, aun cuando, en sus inicios, esta disciplina se identificó con la enseñanza de segundas lenguas y pronto, por el interés que se suscitó en esta parcela, incluso se llegó a gestar un campo específico y correlativo: el de la lingüística contrastiva. Esta última ciencia tuvo, pues, su nacimiento, certificado por la obra inaugural del padre de la disciplina: C. Fries (1945), y, al igual que en muchos otros casos, por la fundación de una revista (*Language Learning)*; su consolidación, avalada por la publicación de R. Lado (1957), y su etapa de crisis, reflejada en sendos congresos celebrados en Georgetown y en Hawai. Las razones del rechazo de la lingüística contrastiva son de sobra conocidas, pero conviene

---

[1] Además de éste, que debe verse como una introducción.
[2] Como es sabido, el texto en cursiva corresponde al título de la obra coordinada por M. Fernández Pérez (1996a). Esta misma lingüista es autora de un capítulo (véase M. Fernández Pérez (1996b: 11-45)) donde se aborda de manera muy documentada la distinción lingüística teórica / aplicada, el desarrollo de la lingüística aplicada y su carácter pluridisciplinar.

volver sobre ellas para puntualizar que unas son de orden hipotético, o mejor, han sido planteadas como fruto de una reflexión teórica, las llamadas paradoja gramatical, paradoja semántica y paradoja pedagógica[3], y otras de orden más bien empírico: diferentes investigaciones sobre la validez predictiva del análisis contrastivo demostraron, entre otras particularidades, que allí donde no debía producirse un error, por la similitud entre la L1 y la L2, los aprendices de la L2 se equivocaban y, por el contrario, estructuras diferentes entre ambas lenguas eran asimiladas sin ninguna dificultad[4].

Aunque nunca han dejado de realizarse investigaciones contrastivas, la crítica del enfoque contrastivo trajo aparejada la aparición de un nuevo paradigma científico: el del análisis de errores orientado hacia la descripción de la interlengua[5]. Vistas así las cosas, se entiende la posible falta de actualidad a la que al principio me refería al hablar de lingüística contrastiva y de análisis de errores, entendido éste como banco de pruebas para validar o invalidar el poder predictivo del análisis contrastivo en relación con su aplicación didáctica.

Pero la repulsa de la lingüística contrastiva viene siendo más aparente que real, por dos razones al menos. Como acabo de señalar, se han seguido haciendo estudios contrastivos y, por otra parte, la metodología para la enseñanza de la L2 asociada a la lingüística contrastiva nunca ha dejado de utilizarse; es más, en la actualidad parece que se ha dado hasta una revalorización de la misma, y de la propia lingüística contrastiva[6], incluso por lo que atañe a partidarios de explicar la adquisición de la segunda lengua sin acudir a la teoría conductista[7], fundamento originario de la lingüística contrastiva.

Además, si nos situamos en una perspectiva cuyo punto de mira se dirija hacia la lengua española, podemos comprobar que, en realidad, no son tantas las investigaciones que toman como punto de referencia el español y otra lengua, excepción hecha de los estudios contrastivos existentes entre el inglés y el español o entre este último y el francés. En efecto, la consulta de la *Bibliografía de lingüística general y española (1964-1990)*[8], que cubre un amplio período de tiempo, muestra la existencia de un conjunto relativamente numeroso de referencias bibliográficas en las que el español y el inglés, por una parte, y el español y el francés, por otra, se analizan respecto a temas de fonética-fonología, morfología

---

[3] Véase T. P. Krzeszowski (1990: 1-8).
[4] Véase C. James (1980: 166-192).
[5] Véase, especialmente, S. P. Corder (1967), S. P. Corder (1971) y L. Selinker (1972).
[6] Véase, por ejemplo, J. Fernández González (1995: 14-19) y F. Garrudo Carabias (1996: 17-23).
[7] Véase, en este sentido, F. D'Introno (1995).
[8] Véase V. Báez San José, M. Casas Gómez, I. Penadés Martínez y J. L. Romero Romero (1996: 166-215).

y sintaxis, pero, en todo caso, sin cubrir la gama de aspectos que constituyen la gramática de una lengua[9], sin ocuparse, excepto mínimamente, del significado de las unidades léxicas o de otras unidades lingüísticas (también en la lingüística contrastiva la semántica sigue siendo la pariente pobre) y, prácticamente, sin haberse planteado siquiera el análisis contrastivo en ámbitos que exceden los habituales, como son, por ejemplo, el del texto, el de la conversación, el de los aspectos culturales o el de la comunicación no verbal, que, sin embargo, sí han sido abordados respecto al inglés en relación con otras lenguas[10]. Disponemos en menor medida de análisis contrastivos entre el español y el italiano, el rumano, el alemán o el portugués, y aun menos numerosos son los que contrastan el español con otras lenguas como el checo, el ruso, el japonés o el sueco[11], con la salvedad de que, en uno y otro caso, los temas abordados se ciñen a cuestiones muy específicas, como, por ejemplo, los pronombres, el subjuntivo, la pasiva o las preposiciones; lo cual, por otra parte, no deja de ser lo lógico y lo esperable, pues, por principio, las investigaciones contrastivas se han centrado en aquellas unidades y estructuras que, por ser diferentes en la lengua materna y en la lengua meta, se suponía que iban a provocar la transferencia negativa de aquélla sobre ésta.

Más escasos son todavía los trabajos donde se analizan los errores producidos por aprendices de español como lengua extranjera, a pesar de contar con algunas obras representativas de esta metodología, como son la de G. E. Vázquez (1991) y la de S. Fernández (1997)[12]. Y, por último, sólo tímidamente empiezan a verse en el panorama bibliográfico del español investigaciones que tratan la interlengua que corresponde al estado de aprendizaje de los alumnos de ELE, aunque, en los últimos años (década de los noventa), ha podido observarse un incremento

---

[9] No constituye una objeción a lo afirmado la existencia de obras como la de R. P. Stockwell, J. D. Bowen y J. W. Martin (1965) o la de M. Martínez Vázquez (1996), pues, en el primer caso, nos encontramos, bien es verdad, ante un clásico de la lingüística contrastiva que, sin embargo, no constituye un tratado gramatical completo, como reconocen en el "Prefacio" los propios autores de la obra, y, en el segundo caso, el título no debe llevar a engaño, dado que sirve para recoger un grupo de trabajos de distintos autores sobre diversos aspectos gramaticales de las lenguas inglesa y española, sin dar lugar a una gramática contrastiva global.
[10] Véase, en este sentido, J. Fisiak (1990).
[11] Mención especial merecen las investigaciones que comparan el español, por una parte, con las otras lenguas habladas en este Estado y, por otra, con las lenguas aborígenes de América del Sur. Tanto unos estudios como otros surgen de la situación particular de bilingüismo en que se encuentran algunas zonas en que se habla la lengua española, lo cual obliga a enseñar y a aprender esta lengua ya sea como primera o como segunda en relación con otra que, inversamente, se constituirá en segunda o primera lengua.
[12] Véase también la aplicación que de la metodología del análisis de errores hace I. Santos Gargallo (1993: 105-122).

paulatino de referencias bibliográficas que abordan uno y otro aspecto, pues con sólo consultar, por ejemplo, las actas de los distintos congresos de ASELE[13] que han tenido lugar y las de los más recientes de AESLA, es posible hacer acopio de materiales bibliográficos donde se analiza la producción lingüística –fundamentalmente escrita– de aprendices de español y su interlengua, si bien todavía de manera muy parcial. En todo caso, para hacerse una idea más completa de cuál es la situación en que se encuentra la bibliografía que en torno al español existe sobre lingüística contrastiva, análisis de errores e interlengua, puede consultarse el anexo al número 43 de la revista *Carabela*, donde se han incluido referencias bibliográficas extraídas de publicaciones periódicas aparecidas entre 1983 y 1997[14]; la consulta muestra que las lenguas puestas en relación con la española siguen siendo, fundamentalmente, el inglés[15] y el francés y, en menor proporción, el alemán, el italiano y el portugués, además de algún que otro estudio en el que se toma en consideración aquella lengua y el polaco, el japonés, el coreano o el chino.

De lo expuesto en los párrafos anteriores se desprende la conveniencia y utilidad de una obra como la que aquí se presenta, tanto más cuanto que la lengua española se pone en relación con el portugués y con el chino, correlaciones que no han merecido todavía demasiada atención por parte de los investigadores, al menos en lo que se refiere a la última lengua, pues el español y el portugués se han comparado respecto a algunas cuestiones del nivel fonológico, morfológico, sintáctico y léxico. Sin embargo, la situación de la enseñanza del español como lengua extranjera parece exigir estudios como los ofrecidos aquí. En efecto, el creciente interés por el aprendizaje de la lengua de Cervantes en zonas del planeta –Japón, la India, la República Popular China, Corea, Australia o Nueva Zelanda, y también Brasil[16] y la República de Taiwan– no comprendidas entre las tradicionalmente interesadas por la cultura y la lengua españolas[17] hace previsible la necesidad de poner a disposición de profesores y alumnos de ELE materiales que ayuden tanto a conocer de antemano las dificultades a que se enfrentará el profesor en su tarea, como a enmendar los errores en que incurrirá el alumno en

---

[13] El segundo se celebró, precisamente, en el inicio de la década: del 3 al 5 de diciembre de 1990 (véase S. Montesa Peydró y A. Garrido Moraga (1994)).
[14] Véase I. Santos Gargallos y otros autores (1998: 16-21 y 66-70).
[15] Véase, asimismo, J. M. Martín Morillas (1997: 170-171), donde se ofrece una relación de estudios contrastivos inglés-español realizados desde el modelo lexemático-funcional creado por L. Martín Mingorance.
[16] Véase F. Moreno Fernández (1995: 219-223), H. López Morales (1998) y C. A. Duarte (1998), donde se incluyen explicaciones y datos numéricos sobre la situación de la enseñanza del español en ese país.
[17] Para una visión global sobre esta cuestión, véase F. Moreno Fernández (1995).

el proceso de aprendizaje. En este sentido, este libro pretende ser una gota –pero una gota refrescante, eso sí, por las carencias que puede empezar a llenar– en el inmenso mar de las necesidades que abarca la enseñanza del español como lengua extranjera: investigaciones teóricas y aplicadas, con su cohorte de manuales, gramáticas, diccionarios, materiales didácticos, etc.

2. *Lingüística contrastiva y análisis de errores (español - portugués y español - chino)* ha surgido en el seno del *Máster en Enseñanza de Español como Lengua Extranjera* de la Universidad de Alcalá, en el cual, entre el conjunto de materias que se imparten, se incluyen 20 horas lectivas de Lingüística contrastiva[18]. Esta materia les permite a los alumnos introducirse en los presupuestos teóricos que orientan la disciplina lingüística correspondiente y, además, posibilita que lleguen a tener una primera información sobre los problemas con los que pueden encontrarse si imparten docencia de ELE a aprendices cuya lengua materna sea el alemán, el árabe, el checo, el griego moderno, el húngaro, el italiano, el japonés, el portugués, el ruso o el sueco, pues hablantes nativos de cada una de estas lenguas –que, además, son hispanistas– se encargan de presentar los aspectos más relevantes de fonética-fonología, morfología, sintaxis, semántica e incluso de orden cultural en que difieren el español y cada una de ellas[19]. El interés que despierta la materia Lingüística contrastiva se ve reflejado en el hecho de que algunos alumnos del *Máster* hayan decido realizar una memoria de investigación sobre análisis contrastivo del español con respecto a alguna otra lengua, dado que todos ellos, en su segundo año, deben elaborar un trabajo de investigación. Así, a partir de algunos de los que se han llevado a cabo, en concreto el realizado por Mª E. Olímpio de Oliveira Silva –dirigido por P. Benítez Pérez– y las memorias de V. Tomazini, C. A. Duarte y T.-J. Lin[20] –dirigidas estas tres últimas por mí misma–, las respectivas autoras han redactado los capítulos que, en ese orden de autoría, siguen a esta especie de introducción. La elección de estas memorias para constituir una monografía ha estado condicionada, entre otras razones, por la circunstancia de que en todas ellas se tratan cuestiones gramaticales y, de ese modo, este libro ha podido tener una unidad temática[21]. En el

---

[18] Para más información sobre las materias que comprende, así como sobre su organización, véase Mª J. Duro Muñoz (1998).
[19] La elección para cada curso del *Máster* de las lenguas contrastadas con la española depende de los lectores de lenguas extranjeras con que cuenta la Universidad de Alcalá en cada año lectivo, pues a su cargo está la impartición de estos contenidos.
[20] Véase Mª E. Olímpio de Oliveira Silva (1998), V. Tomazini (1997), C. A. Duarte (1997) y T.-J. Lin (1998).

ámbito de la lingüística contrastiva se han realizado otras memorias para el *Máster* de la Universidad de Alcalá, pero sus respectivos objetos de estudio han determinado que se agruparan en otra monografía o que se aguardara otra ocasión para ser publicadas. Téngase en cuenta que en A. Mª Cestero Mancera (1998) se recogen ya dos estudios correspondientes a sendas memorias de investigación sobre análisis comparativo de elementos culturales y de comunicación no verbal[22].

Así pues, el capítulo segundo del libro –titulado, como ya se ha señalado, "Propuesta para la elaboración de un diccionario de unidades fraseológicas español - portugués"– ha sido escrito por su autora a partir de su propia memoria de investigación (Mª E. Olímpio de Oliveira Silva, 1998), obra en la que, además de un estado de la cuestión sobre la fraseología y sobre la enseñanza y aprendizaje de las unidades que esta disciplina estudia, se analiza un corpus de las unidades fraseológicas del español llamadas somatismos, es decir, de las que contienen algún lexema referido a partes del cuerpo humano, y se ofrece una propuesta didáctica para su enseñanza a hablantes de portugués. Una parte del análisis realizado sobre el corpus corresponde al examen contrastivo de las unidades fraseológicas españolas con respecto a sus equivalentes en portugués, y precisamente esa parte ha constituido la base del capítulo que ahora comento. Hay que señalar también que éste es el único caso en que no se ha llevado a cabo un análisis de errores[23], pero el interés del capítulo no es por ello menor, pues son escasas, o más bien nulas, las obras que abordan este tipo de unidades desde la perspectiva de las dos lenguas aquí contrastadas. La originalidad de la propuesta radica, además, en el hecho de presentar la ordenación de las unidades fraseológicas y la información sobre ellas no como es habitual en los diccionarios al uso, sino, más bien, siguiendo criterios más útiles para la enseñanza de ELE[24].

En el tercer capítulo, "Errores en algunas categorías gramaticales producidos por lusohablantes brasileños aprendices de español", V. Tomazini presenta los errores, relativos a palabras no lexemáticas, que se mostraron más significativos en el análisis llevado a cabo en su memoria para el *Máster*. Téngase en cuenta

---

[21] No contradice lo afirmado el hecho de que el capítulo que sigue a éste se titule "Propuesta para la elaboración de un diccionario de unidades fraseólogicas español - portugués", pues, al fin y al cabo, en él se examinan unidades equivalentes a sustantivos, adjetivos, verbos y adverbios y, aunque de ellas se dé una definición lexicográfica, también se clasifican morfológicamente y, asimismo, se analizan en cuanto a su combinatoria sintagmática.

[22] Véase Mª V. de la Fuente Martínez (1996) y F. Rahim (1997).

[23] Razón por la cual figura en primer lugar y va seguido de los capítulos en que el análisis de errores trae aparejado un análisis contrastivo entre el español y el portugués o el chino.

[24] Véase, en este sentido, I. Penadés Martínez (en prensa).

que en V. Tomazini (1997) se hace un estudio de los errores registrados en la producción escrita de lusohablantes brasileños, pero ciñéndose a las categorías del artículo, adjetivo posesivo y demostrativo, pronombre personal, indefinido y relativo, a la categoría del adverbio –excepción hecha de los terminados en -*mente*–, de la preposición y de la conjunción. De este estudio se han escogido para este capítulo los errores relativos al artículo, al posesivo y al pronombre personal, pues eran más frecuentes, y más interesantes por tanto, que los de las otras categorías lingüísticas, haciendo caso omiso de los concernientes a las preposiciones que, de manera específica, fueron objeto de otra memoria de investigación y, en consecuencia, su tratamiento se presenta en un capítulo distinto, en concreto el que sigue y completa a éste que ahora reseño. El valor de la contribución de V. Tomazini resalta desde una perspectiva aplicada y teórica a la vez. En efecto, situados en la vertiente de la enseñanza del español a hablantes portugueses, el capítulo muestra a docentes y discentes de ELE cuáles son los problemas más comunes en el uso de los artículos, de los posesivos y de los pronombres personales, categorías lingüísticas, la primera y la última especialmente, fundamentales para la expresión oral y escrita. Por otra parte, desde la perspectiva teórica, el análisis llevado a cabo por V. Tomazini (1997) y ofrecido de manera parcial en este capítulo pone de manifiesto, una vez más, la necesidad, ya demostrada por otros autores, de completar cualquier estudio contrastivo con un análisis de errores, dado que, en ocasiones, aquél no es suficiente para predecir la existencia del error. Piénsese que de un análisis contrastivo español-portugués no se deriva, por ejemplo, la omisión errónea del artículo español ante las fechas y los días de la semana, la adición, también errónea, de las formas españolas del pronombre sujeto o la omisión incorrecta de las formas del pronombre complemento en español; sin embargo, la interferencia del portugués coloquial hablado en Brasil explica la existencia de unos errores que sólo se registran tras un análisis de la producción lingüística de los hablantes de esa zona y no por estudios contrastivos de la lengua española y portuguesa, pues, en general, este tipo de estudio se ha restringido al registro normativo de las lenguas en contraste.

Los capítulos dedicados a la lengua portuguesa concluyen con el de C. A. Duarte, "Errores de lusohablantes brasileños en el uso de algunas preposiciones españolas", redactado a partir de la memoria elaborada por ella misma (C. A. Duarte, 1997), trabajo en el que, además de pasar revista al concepto de preposición, se incluyó un estudio contrastivo de algunas preposiciones portuguesas y españolas, se llevó a cabo un análisis de errores en el uso de las preposiciones por parte de alumnos brasileños y se examinaron distintos materiales didácticos, a la par que se elaboraron ejercicios sobre estas unidades lingüísticas. La limitación de este capítulo a la categoría lingüística, no lexemática, de la preposición supone que éste se presenta como un complemento imprescindible del anterior, y más si se tiene en cuenta que trata también un elemento de relación esencial para la producción lingüística tanto oral como escrita. En este sentido, las orientaciones que para profesores y alumnos de ELE se derivan de esta contribución adquieren un valor altamente apreciable por su utilidad, al tiempo que se confirma lo anteriormente apuntado: conocer los errores en que incurrirán los alumnos brasileños de ELE es una fase previa, esencial para la posterior actividad docente del profesor de español en el aula, tanto más cuanto que ni siquiera el posible conocimiento por parte del profesor de la lengua materna del alumno le hará prever a aquél la existencia de errores debidos a la interferencia del registro utilizado por el alumno, cuando éste es distinto del explicado por las gramáticas.

La obra se cierra con el capítulo de T.-J. Lin, "Errores en algunas categorías gramaticales producidos por hablantes de chino aprendices de español". También en este caso, ha sido redactado a partir de la memoria de investigación de su autora (T.-J. Lin, 1998) y, ante la imposibilidad de abordar todas las categorías lingüísticas allí examinadas (artículo, adjetivo demostrativo y posesivo, pronombre indefinido, personal y relativo, preposición y conjunción), más el fenómeno de la concordancia respecto al sustantivo y del sujeto con el verbo, el capítulo en cuestión ha quedado circunscrito a los errores que los hablantes de chino cometen en el uso de los artículos, de los demostrativos, de los pronombres personales y de las preposiciones. El interés de esta aportación radica, fundamentalmente, en el hecho de que la lengua materna de los sujetos que fueron investigados sea el chino, lengua que de por sí constituye una familia lingüística distinta a la indoeuropea[25] –incluso en el sistema de escritura utilizado– y que todavía no ha sido objeto de muchos estudios contrastivos con respecto a la lengua española. El capítulo viene, así, a cubrir, parcialmente, un vacío que con el tiempo puede llegar a ser acuciante, si se confirman las expectativas que parecen indicar un aumento importante del número de estudiantes de español cuya lengua materna es el chino[26].

Y ya sólo resta agradecer a la Editorial Edinumen que haya decidido publicar

---

[25] Téngase en cuenta que lo que solemos denominar chino es un conjunto de lenguas, entre las que se incluye el chino hablado en Taiwan, que son ininteligibles –cualquiera de ellas para los hablantes de las otras–, excepto si se trata de comprender textos escritos.

[26] Obsérvese que, por ejemplo, en el *Máster en Enseñanza de Español como Lengua Extranjera* de la Universidad de Alcalá, que inició su andadura en el curso 1994-1995, se han matriculado ya nueve alumnas de Taiwan y dos de la República Popular China. Véanse, además, los datos que proporciona T.-J. Lin en el último capítulo de este libro.

estas páginas, elaboradas por sus autoras con la experiencia y con el rigor de quien ha sido cocinero antes que fraile, es decir, de quien primero ha sido aprendiz de ELE y ahora es especialista en enseñanza de la lengua española a extranjeros. El agradecimiento debe hacerse extensivo a Pedro Benítez Pérez, director de la **Colección: De la investigación a la práctica en el aula**, por la confianza depositada en nosotras al encargarnos la segunda obra de la **Serie Máster E/LE Universidad de Alcalá** de esa Colección y por la ayuda prestada en la coordinación y redacción del libro.

3. BIBLIOGRAFÍA

Báez San José, V., Casas Gómez, M., Penadés Martínez, I. y Romero Romero, J. L. (1996), *Bibliografía de lingüística general y española (1964-1990)*, Tomo II, Alcalá de Henares, Servicio de Publicaciones de la Universidad de Alcalá.
Cestero Mancera, A. Mª (coord.) (1998), *Estudios de comunicación no verbal*, Madrid, Edinumen.
Corder, S. P. (1967), "The significance of learners' errors", *International Review of Applied Linguistics*, 5, 4, pp. 161-170.
Corder, S. P. (1971), "Idiosyncratic dialects and error analysis", *International Review of Applied Linguistics*, 9, 2, pp. 147-160.
D'Introno, F. (1995), "La enseñanza de una segunda lengua en EE.UU. y la teoría chomskyana", en J. M. Ruiz Ruiz, P. Sheerin Nolan y E. González-Cascos (eds.), *XI Congreso Nacional de Lingüística Aplicada (A.E.S.L.A.), Valladolid, 27-30 de abril de 1993*, Valladolid, Secretariado de Publicaciones de la Universidad de Valladolid, pp. 45-60.
Duarte, C. A. (1997), *Análisis contrastivo de las preposiciones portuguesas y españolas. Análisis de errores en el uso de las preposiciones españolas por lusohablantes brasileños*, Memoria de investigación para el *Máster en Enseñanza de Español como Lengua Extranjera*, no publicada, Universidad de Alcalá.
Duarte, C. A. (1998), "Breve panorama de la enseñanza del español como lengua extranjera en Brasil", *Cuadernos Cervantes de la Lengua Española*, 20, pp. 40-44.
Duro Muñoz, Mª J. (1998), "El *master* en Enseñanza de Español como Lengua Extranjera de la Universidad de Alcalá", *Cuadernos Cervantes de la Lengua Española*, 18, pp. 38-41.
Fernández, S. (1997), *Interlengua y análisis de errores en el aprendizaje de espa-

ñol como lengua extranjera, Madrid, Edelsa Grupo Didascalia, S. A.
Fernández González, J. (1995), "El análisis contrastivo: historia y crítica", *Lynx*, Documentos de trabajo, Vol. 1, pp. 1-20.
Fernández Pérez, M. (coord.) (1996a), *Avances en... lingüística aplicada*, Santiago de Compostela, Servicio de Publicacións e Intercambio Científico de la Universidade de Santiago de Compostela.
Fernández Pérez, M. (1996b), "El campo de la lingüística aplicada. Introducción", en M. Fernández Pérez (coord.), *Avances en... lingüística aplicada*, Santiago de Compostela, Servicio de Publicacións e Intercambio Científico de la Universidade de Santiago de Compostela.
Fisiak, J. (ed.) (1990), *Further insights into contrastive analysis*, Amsterdam / Philadelphia, John Benjamins Publishing Company.
Fries, C. (1945), *Teaching and learning English as a foreign language*, Ann Arbor, University of Michigan Press.
Fuente Martínez, Mª V. de la (1996), *Cultura y comunicación: algunas diferencias interculturales entre España y Hungría*, Memoria de investigación para el *Máster en Enseñanza de Español como Lengua Extranjera*, no publicada, Universidad de Alcalá.
Garrudo Carabias, F. (1996), "Los nuevos caminos del análisis contrastivo", en M. Martínez Vázquez (ed.), *Gramática contrastiva inglés-español*, Huelva, Servicio de Publicaciones de la Universidad de Huelva, pp. 11-24.
James, C. (1980), *Contrastive analysis,* Singapore, Longman.
Krzeszowski, T. P. (1990), *Contrasting languages. The scope of contrastive linguistics*, Berlin / New York, Mouton de Gruyter.
Lado, R. (1957), *Linguistics across cultures*, Ann Arbor, University of Michigan Press.
Lin, T.-J. (1998), *Análisis de errores en la expresión escrita de estudiantes adultos de español cuya lengua materna es el chino*, Memoria de investigación para el *Máster en Enseñanza de Español como Lengua Extranjera*, no publicada, Universidad de Alcalá.
López Morales, H. (1998), "Otra mirada a la enseñanza del español como lengua extranjera", *Cuadernos Cervantes de la Lengua Española*, 18, pp. 7-14.
Martín Morillas, J. M. (1997, 1ª ed.), "La lingüística contrastiva: desarrollo histórico, abarque, orientaciones, problemas, y métodos", en J. de D. Luque Durán y A. Pamies Bertrán (eds.), *Panorama de la lingüística actual*, Granada, Método Ediciones, pp. 153-171.
Martínez Vázquez, M. (ed.) (1996), *Gramática contrastiva inglés-español*, Huelva, Servicio de Publicaciones de la Universidad de Huelva.
Montesa Peydró, S. y Garrido Moraga, A. (1994), *Actas del Segundo Congreso*

Nacional de ASELE. Español para extranjeros: didáctica e investigación, Madrid, del 3 al 5 de diciembre de *1990*, Málaga, ASELE.

Moreno Fernández, F. (1995), "La enseñanza del español como lengua extranjera", en Marqués de Tamarón (dir.), *El peso de la lengua española en el mundo*, Valladolid, Secretariado de Publicaciones de la Universidad de Valladolid, pp. 195-233.

Olímpio de Oliveira Silva, Mª E. (1998), *Somatismos: propuesta de aplicación didáctica*, Memoria de investigación para el *Máster en Enseñanza de Español como Lengua Extranjera*, no publicada, Universidad de Alcalá.

Penadés Martínez, I. (en prensa), "Materiales para la didáctica de las unidades fraseológicas: estado de la cuestión", *Revista de Estudios de Adquisición de la Lengua Española*, 9.

Rahim, F. (1997), *Saludos no verbales en España y Argelia: estudio comparativo*, Memoria de investigación para el *Máster en Enseñanza de Español como Lengua Extranjera*, no publicada, Universidad de Alcalá.

Santos Gargallo, I. (1993), *Análisis contrastivo, análisis de errores e interlengua en el marco de la lingüística contrastiva*, Madrid, Síntesis.

Santos Gargallo, I., Bermejo Rubio, I., Derouiche, N., García Oliva, C., Higueras García, M. y Varela Méndez, C. (1998), "Bibliografía sobre enseñanza-aprendizaje de E/LE. Publicaciones periódicas españolas (1983-1997)", *Carabela*, anexo al número 43, pp. 3-79.

Selinker, L. (1972), "Interlanguage", *International Review of Applied Linguistics*, 10, 3, pp. 219-231.

Stockwell, R. P., Bowen, J. D. y Martin, J. W. (1965), *The grammatical structures of English and Spanish*, Chicago, University Press.

Tomazini, V. (1997), *Análisis de errores referidos a las categorías gramaticales en la producción escrita en español de alumnos lusohablantes brasileños*, Memoria de investigación para el *Máster en Enseñanza de Español como Lengua Extranjera*, no publicada, Universidad de Alcalá.

Vázquez, G. E. (1991), *Análisis de errores y aprendizaje del español / lengua extranjera*, Frankfurt am Main, Peter Lang.

PROPUESTA PARA LA ELABORACIÓN DE UN DICCIONARIO DE UNIDADES FRASEOLÓGICAS ESPAÑOL-PORTUGUÉS

Mª EUGÊNIA OLÍMPIO DE OLIVEIRA SILVA
Universidade Federal da Bahia

1. INTRODUCCIÓN

Se ha demostrado ya la importancia de los estudios fraseológicos para la estilística, la lexicografía, la traducción y la enseñanza de idiomas, resaltándose así la aplicación práctica que se deriva de dichos estudios[1]. Respecto a la enseñanza de lenguas, las investigaciones más recientes ratifican que las combinaciones estables de palabras, las unidades fraseológicas, objeto de estudio de la Fraseología, están muy difundidas en todas las lenguas, por lo que desempeñan un papel fundamental en la adquisición y en el procesamiento tanto de la lengua materna como de una segunda lengua[2].

Centrándose en la enseñanza de lenguas extranjeras, se observa que la didáctica de las unidades fraseológicas (UF) ha recibido poca atención por parte de los estudiosos, pese a la importancia que tienen dentro de la lengua y al interés que los aprendices manifiestan por su estudio ya desde los primeros niveles[3]. En efecto, son muchos los autores que vienen señalando la necesidad y la utilidad de la enseñanza de las UF[4]. Algunos teóricos, por ejemplo, afirman que la adquisición de las UF contribuye al desarrollo de la capacidad comunicativa del alumno, en la medida en que interfiere en "la expresión de su afectividad, en la fluidez de su elocución, la adecuación contextual de su discurso y su proceso natural de interpretación-decodificación [...]" (A. Mª Vigara Tauste, 1996: 67).

No obstante, las investigaciones realizadas hasta ahora también han resaltado las dificultades que supone para el estudiante de una lengua extranjera el aprendizaje de las UF. Dichas dificultades están estrechamente relacionadas con la

---

[1] Véase al respecto G. Corpas Pastor (1996: 14-15), J. Martínez Marín (1996: 71) y A. M. Tristá Pérez (1989: 155).
[2] Véase G. Corpas Pastor (1996: 14).
[3] Véase R. Gairns y S. Redman (1989) y M. Higueras (1997).
[4] Véase J. Sevilla Muñoz y A. González Rodríguez (1994-1995: 171), M. Higueras (1997: 15-16) y S. Ortweiler Tagnin (1989: 9-10).

propia naturaleza de estas unidades: sus aspectos formales, semánticos (la fijación y la idiomaticidad) y sus características pragmáticas. Hay que señalar, sin embargo, que no sólo el estudio de las UF es problemático, sino que también lo es su enseñanza. El aprendizaje de tales unidades representa un reto para los estudiantes y para los profesores de lenguas extranjeras. Estos últimos deben hacer frente, por lo menos, a dos problemas: el derivado de la peculiar estructura de las UF y la cuestión de su sistematización y presentación, es decir, decidir qué unidades enseñar, cuándo y cómo enseñarlas.

Entre las varias propuestas de enseñanza de las UF, la del análisis contrastivo merece especial atención. El estudio contrastivo permite al alumno ver la ausencia o presencia de paralelismo sintáctico entre la lengua materna y la lengua aprendida, así como comprobar las diferencias o coincidencias léxicas existentes[5]. El análisis contrastivo puede propiciar una reflexión sobre la lengua del aprendiz y sobre la lengua extranjera estudiada, ayudar a tener conciencia de las características peculiares de las UF y, en fin, facilitar el proceso de enseñanza/aprendizaje. En el caso de la enseñanza de estas unidades a hablantes de portugués, el estudio contrastivo puede ser particularmente interesante debido a la similitud existente entre la lengua española y la portuguesa. Ésta podría contribuir, por ejemplo, a su memorización.

En un trabajo nuestro anterior[6], nos propusimos averiguar las posibilidades de aplicación del análisis contrastivo a la enseñaza del componente fraseológico a hablantes de portugués. Para ello decidimos trabajar con un tipo concreto de unidad fraseológica[7], las locuciones, y de entre éstas, los somatismos (SO), es decir, aquellas unidades fraseológicas que "contienen un lexema referido a un órgano o parte del cuerpo humano, aunque también puede ser animal" (C. Mellado Blanco, 1996: 21)[8]. Son ejemplos de SO: *costar un ojo de la cara, mano de santo,*

---

[5] Véase, por ejemplo, D. Fasla (1996).
[6] Véase Mª E. Olímpio de Oliveira Silva (1998), trabajo que constituye la memoria de investigación elaborada para el *Máster en Enseñanza de Español como Lengua Extranjera* de la Universidad de Alcalá y dirigida por el Profesor Dr. Don Pedro Benítez Pérez, director del citado *Máster*.
[7] De acuerdo con la clasificación de G. Corpas Pastor (1996), quien clasifica las unidades fraseológicas en tres esferas: la de las *colocaciones* (esfera I), la de las *locuciones* (esfera II) y la de los *enunciados fraseológicos* (esfera III).
[8] Para ese trabajo de investigación seleccionamos somatismos que contenían o bien *antropomorfismos* (lexemas somáticos que designan específicamente al ser humano) o bien *somatónimos* (lexemas que se refieren a partes del cuerpo asignables tanto al ser humano como a los animales). Por cuestiones de delimitación del *corpus*, no incluimos los *zoomorfismos* (lexemas somáticos referidos exclusivamente a los animales).

de pies a cabeza. La elección de este tipo de locución, entre las varias posibilidades existentes, se justifica a partir de las características que se le atribuyen: constituir un fenómeno universal –estas unidades se consideran como un universal lingüístico fraseológico–, ser especialmente activo, es decir, tener preponderancia numérica dentro de la lengua, y presentar una alta frecuencia de uso tanto en la lengua oral como en la escrita. Dichos rasgos facilitarían y justificarían, además, el estudio contrastivo.

Con el objetivo de constituir el *corpus* de los SO para la memoria de investigación, consultamos inicialmente tres diccionarios especializados, a saber: el *Diccionario fraseológico del español moderno* (*DFEM*), de F. Varela y H. Kubarth; el *Larousse. Diccionario práctico de locuciones* (*LDPL*), dirigido por E. Fontanillo Merino, y el *Diccionario Espasa. Dichos y frases hechas* (*DEDFH*), de A. Buitrago Jiménez. De ellos se extrajo un conjunto de unidades, denominado *corpus* 1, que constaba de 1.076 locuciones con lexemas somáticos. El análisis contrastivo de un número tan elevado de SO exigía un tiempo del que no disponíamos en aquel momento. Con el fin de solucionar este dilema, elaboramos un *corpus* menos extenso. Para ello constituimos, en primer lugar, el *corpus* 2 a partir de obras de español para extranjeros, escritas para trabajar con UF[9], y, posteriormente, formamos el *corpus* 3, en el que incluimos los SO comunes a los *corpora* 1 y 2. Con este procedimiento, intentamos evitar la elección aleatoria del material recopilado en la primera etapa del trabajo. En Mª E. Olímpio de Oliveira Silva (1998) establecimos una clasificación de los SO del *corpus* en 29 campos conceptuales, los analizamos y buscamos las unidades fraseológicas portuguesas equivalentes a las españolas. A partir de los resultados del análisis contrastivo, elaboramos una propuesta didáctica para la enseñanza de este tipo de UF a hablantes de portugués.

Este capítulo, redactado a partir del trabajo reseñado, presenta, por su parte, una propuesta de elaboración de un diccionario de UF español - portugués. Aunque se trabaja con las unidades analizadas en aquella investigación, hemos introducido algunas modificaciones importantes, por ejemplo, algunas UF que aparecían en el *corpus*, pero que no figuran en el *Diccionario de la lengua española* de la Real Academia (1992), han sido excluidas. Este nuevo criterio de selección se ha adoptado con el fin de presentar unidades que, desde la norma académica, son consideradas de forma incuestionable unidades fraseológicas. Además, desde el punto de vista del tratamiento lexicográfico de las unidades fraseológicas, la elaboración de esta propuesta de diccionario está basada en los

---

[9] En concreto la de P. Domínguez González, M. Morera Pérez y G. Ortega Ojeda (1988), la de Mª J. Beltrán y E. Yáñez Tortosa (1996) y la de A. González Hermoso (1996).

criterios apuntados por I. Penadés Martínez (en prensa).

Así, de acuerdo con lo expuesto por esta autora, las 253 unidades fraseológicas que a continuación se detallan aparecen ordenadas alfabéticamente a partir de la primera palabra que forma la unidad fraseológica. Si esta misma palabra aparece en otra unidad fraseológica, la segunda palabra constituyente determina su ordenación y así sucesivamente[10]. Las unidades que se pueden formar con más de un verbo (por ejemplo, *abrir boca* o *hacer boca*) se registran en entradas diferentes, de acuerdo con la ordenación alfabética del verbo que las introduce.

Por otra parte, siguiendo también la propuesta de I. Penadés Martínez (en prensa) por lo que se refiere a la información que debería contener un diccionario de unidades fraseológicas, cada entrada que se registra a continuación incluye, como máximo, ocho campos en los que se aporta información sobre:

1. el lema de la UF española, que figura en negrita y sin los elementos del contorno. En la presentación del lema, las palabras que aparecen entre paréntesis son elementos facultativos de la UF y las que van separadas por una barra constituyen opciones alternativas para constituir la UF;

2. la categoría morfológica a la que pertenece la UF en cuestión: s., si se trata de una locución sustantiva; adv., cuando es una adverbial; adj., si la locución equivale a un adjetivo, y v., en el caso de que sea una locución verbal. Las abreviaturas son las comúnmente usadas en los diccionarios;

3. el contorno de las UF verbales, es decir, los elementos con los que necesariamente aquéllas se combinan para formar una construcción oracional. Dichos elementos aparecen entre corchetes; se representan, como es habitual en la praxis lexicográfica, mediante los términos *alguien* o *algo*, que llevan, en su caso, la preposición que la función del sintagma al que representan el *alguien* o el *algo* exige, y su ordenación, cuando el contorno está constituido por más de un elemento, corresponde a elemento del contorno en función de sujeto, elemento del contorno en función de complemento directo o de complemento de régimen y elemento del contorno en función de complemento indirecto;

4. la definición de la UF, que, en la mayoría de los casos, ha sido extraída del *DFEM* y, en algún caso, del *DRAE*; si la UF no figuraba en el primero de esos diccionarios, se ha utilizado la definición del *DIPELE*;

5. un ejemplo de uso de la UF entre comillas. Muchos de los ejemplos han

---

[10] Obsérvese, por ejemplo, esta relación: *con buen pie, con el corazón (en la mano), con (el) pie derecho*, etc.

sido tomados del *DIPELE,* puesto que este diccionario presenta ejemplos breves y claros. Cuando esto no ha sido posible, es decir, cuando la UF no aparece en este repertorio lexicográfico, se ha acudido al *DFEM* o a la ayuda de hablantes nativos;

6. el equivalente portugués de la UF española en cursiva[11], seguido de la indicación (UF), en los casos en los que el equivalente corresponde a una UF portuguesa;
7. el contorno de la UF verbal portuguesa, que figura, de manera semejante al contorno de la UF española, entre corchetes, y
8. un ejemplo en portugués entre comillas.

En este capítulo se recoge, pues, una muestra de los SO del español y se ofrece un pequeño esbozo de cómo se podría realizar un diccionario fraseológico bilingüe. No hemos pretendido hacer un estudio exhaustivo, sino recoger un número significativo de UF y organizarlas de una forma didáctica, de modo que el material presentado pueda ser útil tanto a los profesores como a los alumnos hablantes de portugués que aprenden español. Esta idea ha orientado este proyecto de diccionario. Asimismo, ha pesado el hecho de que no se encuentren disponibles diccionarios fraseológicos español - portugués o portugués - español; esa circunstancia nos ha incitado a llevar a cabo esta propuesta, a contemplar la idea de ampliarla en el futuro, examinando otros tipos de UF, y a perfeccionarla, a fin de contribuir a llenar la laguna existente en los materiales de enseñanza de español como lengua extranjera a hablantes de portugués.

2. DICCIONARIO

a

a brazo partido adv. A viva fuerza, con gran empeño: "Tuvieron que luchar a brazo partido contra la tempestad". *Com todas as forças* (UF): "Tiveram de lutar com todas as forças contra a tempestade".

a cuerpo (gentil) adv. Sin abrigo: "No salgas a la calle a cuerpo gentil, que está helando". *Em corpo / de corpo bem feito* (UF) / *desprevenido*: "Não vá para a rua desprevenido, porque está fazendo muito frio".

---

[11] Para ello nos hemos basado en estos repertorios de UF portuguesas: J. Ribeiro (1909), E. Carneiro da Silva (1975), A. Buarque de Holanda Ferreira (1986), A. Nascentes (1986) y A. Nogueira Santos (1990).

a cuerpo limpio adj. A: solo, desarmado: "Es muy valiente y capaz de enfrentarse a un lobo a cuerpo limpio". *Corpo a corpo / com as mãos limpas /com a cara e a coragem* (UF): "É muito valente e capaz de enfrentar um leão com as mãos limpas".
B: véase **a cuerpo (gentil)**.
a flor de piel adj. Sensible, fácil, pronto: "Notaba aquella sensación a flor de piel". *À flor da pele* (UF): "Sentia aquela sensação à flor da pele".
a la cabeza adv. En la parte delantera, en el primer puesto: "A la cabeza de la expedición iba el capitán". *À cabeça / à frente* (UF): "O capitão ia à cabeça da expedição".
a ojo (de buen cubero) adv. Sin pretensión de exactitud, aproximadamente: "Así, a ojo, esa bolsa contiene cinco kilos de patatas". *A olho (nu) / por alto* (UF): "A olho nu, este saco tem uns cinco quilos de batatas".
a ojos cerrados adv. A: sin reflexionar, con precipitación: "Una decisión tan importante como ésta no se puede tomar a ojos cerrados". *Com os/de olhos fechados* (UF): "Uma decisão como esta não pode ser tomada de olhos fechados".
B: con toda confianza, sin sombra de duda: "Puedes seguir mis consejos a ojos cerrados: tengo mucha experiencia y sé lo que te conviene". *Com os/de olhos fechados* (UF): "Você pode seguir meus conselhos de olhos fechados: tenho muita experiência e sei o que é melhor para você".
a pedir de boca adv. A medida del deseo: "Nuestros planes salieron a pedir de boca". *Às mil maravilhas* (UF): "Nossos planos saíram às mil maravilhas".
a pies juntillas adv. Firmemente, sin sombra de duda: "Se creyó a pies juntillas que no estabas en casa". *A/de pés juntos / sem pestanejar* (UF): "Acreditou sem pestanejar que você não estava em casa".
abrir boca v. [alguien con algo] Tomar algo para abrir el apetito: "Mientras esperamos a las chicas para comer, podemos abrir boca con estas gambas al ajillo". *Fazer uma boquinha* (UF) [alguém] */ beliscar* [alguém algo]: "Enquanto esperamos as garotas para almoçar, podemos fazer uma boquinha e comer estes camarões ao alho".
abrir la mano v. [alguien] Moderar el rigor, atenuar alguna restricción: "Aunque la madre había castigado a sus hijos, al final abrió la mano y les dio permiso para salir". *Afrouxar a rédea* (UF) [alguém]: "Apesar da mãe ter castigado os filhos, depois afrouxou a rédea e lhes deixou sair".
abrir los ojos v. A [alguien] Conocer las cosas o la vida tal y como realmente son: "Un día el pueblo abrirá los ojos y comprenderá la injusticia que los gobiernos cometen en su nombre". *Abrir os olhos* (UF) [alguém]: "Um dia o

povo abrirá os olhos e compreenderá a injustiça que os governantes cometem em seu nome".
B [alguien a alguien] Hacerle ver a alguien las cosas o la vida tal y como realmente son: "Su mejor amigo le abrió los ojos: su novia le engañaba". *Abrir os olhos* (UF) [alguém a alguém]: "Seu melhor amigo lhe abriu os olhos: sua namorada lhe enganava".
abrirse las carnes v. [a alguien] Experimentar miedo o emoción muy fuertes: "Cuando vemos esos reportajes en la televisión sobre los niños africanos que se mueren de hambre, se nos abren las carnes". *Ficar com o coração partido* (UF) [alguém]: "Quando vemos essas reportagens na televisão sobre as crianças africanas que morrem de fome, ficamos com o coração partido".
al pie de la letra adv. Literalmente, según el sentido literal de las palabras: "He seguido las recomendaciones del médico al pie de la letra". *Ao pé da letra* (UF): "Segui as recomendações do médico ao pé da letra".
al pie del cañón adv. En el puesto de trabajo, en el cargo o misión encomendados: "Aquí me tiene Vd. trabajando todo el día al pie del cañón y sin salir ni para tomar una copa". *Ao pé do batente / no batente* (UF): "Aqui estou trabalhando, o dia todo no batente e sem sair nem para tomar um drinque".
alegre de cascos adj. [alguien] Informal, irreflexivo o superficial: "Mi amigo siempre ha sido un poco alegre de cascos". *Cuca fresca* (UF) [alguém]: "Meu amigo sempre foi um pouco cuca fresca".
alzar el codo v. [alguien] Beber en exceso: "Se pasa el día metido en el bar, alzando el codo". *Encher a cara* (UF) [alguém]: "Ele passa o dia todo no bar, enchendo a cara".
andar a la greña v. [alguien] Reñir dos o más personas, generalmente tirándose de los cabellos: "Es un niño bastante tranquilo y pacífico, pero cuando se junta con otros anda siempre a la greña". *Parecer gato e cachorro / Parecer cão e gato* (UF) [alguém]: "Ele é um menino bastante tranqüilo e pacífico, mas quando se junta com os colegas, parecem gato e cachorro".
andar con ojo/cien ojos v. prnl. [alguien] Tener cuidado, prestar atención: "Ándate con ojo, que no quiero que te engañen". *Andar com os olhos (bem) abertos* (UF) [alguém]: "Ande com os olhos abertos, porque não quero que ninguém lhe engane".
andar de boca en boca v. [algo] Ser de dominio público: "El accidente de Ernesto anda de boca en boca y todo el mundo habla de ello". *Andar/correr de boca em boca* (UF) [algo]: "O acidente de Ernesto corre de boca em boca e todo mundo fala disso".

andar de cabeza v. [alguien] Estar muy ocupado y no disponer de un momento de sosiego: "Entre los niños, el arreglo de la casa y el trabajo fuera de ella, ando de cabeza todo el día". *Andar às voltas* (UF) [alguém]: "Ando às voltas o dia inteiro com o trabalho, a casa e as crianças".
andar en boca v. [algo/alguien de alguien] Ser objeto de la murmuración de alguien: "Su comportamiento es tan escandaloso que anda en boca de todo el mundo". *Estar na boca do povo/mundo* (UF) [algo/alguém] "Seu comportamento é tão escandaloso que está na boca do povo".
arrimar el hombro v. A [alguien] Trabajar firme: "Aunque era un hombre más bien holgazán, arrimaba el hombro para alimentar a su numerosa familia". *Dar (um) duro* (UF) [alguém]: "Apesar de ser um pouco preguiçoso, dava duro para poder sustentar a sua numerosa família".
B [alguien] Ayudar, colaborar en algún trabajo: "En el negocio estamos solos mi mujer y yo, porque ninguno de nuestros hijos está dispuesto a arrimar el hombro". *Dar uma mão* (UF) [alguém]: "Minha mulher e eu trabalhamos sozinhos no negócio, porque nenhum dos nossos filhos está disposto a dar uma mão".
arrojarse los trastos a la cabeza v. [alguien] Discutir violentamente, tener un altercado: "Comprendo que hayan decidido divorciarse, porque últimamente no hacían más que arrojarse los trastos a la cabeza". *Viver matando-se / (viver) como gato e cachorro* (UF) [alguém]: Eu entendo que tenham decidido se divorciar, porque nos últimos tempos viviam se matando".
arrugarse el ombligo v. [a alguien] Sentir miedo, desanimarse: "Cuando el avión empezó a temblar y a dar sacudidas, se me arrugó el ombligo". *Ficar com o coração na mão* [alguém]: "Quando o avião começou a tremer e a sacudir, fiquei com o coração na mão".
asentar (la) cabeza v. [alguien] Volverse formal, sensato o juicioso: "Espero que la niña haya asentado la cabeza este año y pueda aprobar todas las asignaturas". *Assentar a cabeça / botar/colocar a cabeça no lugar / criar/ganhar juízo* (UF) [alguém]: "Tomara que ela bote a cabeça no lugar e este ano passe em todas as disciplinas".
atravesarse un nudo en la garganta v. [a alguien] Sentir impedimento para tragar saliva o hablar, generalmente debido a una fuerte emoción: "Cuando vio a su madre después de tan prolongada ausencia, se le atravesó un nudo en la garganta y permaneció un buen rato silencioso". *Sentir um nó na garganta* [alguém] / *dar um nó na garganta* (UF) [a alguém]: "Quando viu sua mãe, depois de tanto tempo, sentiu um nó na garganta e ficou calado durante muito tempo".

b

buscarle los tres/cinco pies al gato v. [alguien] Buscar complicaciones, hacer una cosa más complicada de lo que es: "Todo le parece complicado, siempre le busca los tres pies al gato". *Fazer uma tempestade em um copo d'água* (UF) [alguém]: "Tudo para ele é complicado, ele sempre faz uma tempestade em um copo d'água".

c

caerse de espaldas v. [alguien] Asombrarse o sorprenderse mucho: "Te vas a caer de espaldas cuando te enteres de quién es ese chico". *Cair de costas/para atrás* (UF) [alguém]: "Você vai cair de costas quando souber de quem é esse menino".

caerse de las manos v. [algo a alguien] Aburrirle o fastidiarle un libro, un escrito a alguien: "Esta novela es tan mala, que se le cae de las manos a cualquiera". *Dar sono* (UF) [algo a alguém]: "Este romance é tão ruim que dá sono a qualquer um".

caerse el alma a los pies v. [a alguien] Sufrir gran decepción, desilusión o desengaño: "Cuando me dijeron que había suspendido, se me cayó el alma a los pies". *A (sua) alma/o coração cair aos pés / o (seu) mundo vir abaixo* (UF): "Quando me disseram que eu tinha sido reprovado, o meu mundo veio abaixo".

caerse la cara (de vergüenza) v. [a alguien] Pasar mucha vergüenza: "Se me caería la cara si tuviera que pedir dinero". *Cair/ficar com a cara no chão* (UF) [alguém]: "Eu ficaria com a cara no chão se tivesse que pedir dinheiro".

calentar la cabeza v. A [alguien a alguien] Hacer pensar demasiado: "No me calientes más la cabeza con tus problemas". *Esquentar a (sua) cabeça* (UF) [alguém a alguém]: "Vê se não me esquenta a cabeça com seus problemas".
B [alguien a alguien] Hacer concebir demasiadas ilusiones: "Tanto le calentaron la cabeza al muchacho con las excelencias de la vida en el mar, que ha decidido hacerse marinero". *Encher a cabeça* (UF) [alguém de alguém]: "Tanto encheram a cabeça dele, que afinal decidiu ser marinheiro".

calentarse la cabeza/los cascos v. [alguien] Pensar demasiado: "No te calientes la cabeza y búscalo en el libro". *Esquentar/quebrar a cabeça* (UF) [alguém]: "Não esquenta a cabeça e olha no livro".

callar el pico v. [alguien] Callar: "El muchacho hablaba sin parar y sus amigos le hicieron callar el pico". *Não abrir/calar/fechar o bico* (UF) [alguém]: "O garoto falava sem parar e seus amigos lhe fizeram fechar o bico".

cara de pocos amigos s. Cara de mal humor: "No te metas con el jefe, que trae cara de pocos amigos". *Cara de poucos amigos* (UF): "Não se meta com o chefe, que ele está com cara de poucos amigos".
cerrar el pico véase **callar el pico**.
charlar por los codos v. [alguien] Hablar mucho, sin interrupción: "Las visitas de esta señora son inaguantables, porque es capaz de pasarse el día charlando por los codos". *Conversar/falar pelos cotovelos* (UF) [alguém]: "As visitas deste senhora são insuportáveis, porque é capaz de passar o dia conversando pelos cotovelos".
cogerse los dedos v. [alguien] Colocarse en una situación difícil por falta de experiencia o de cuidado: "Tu negocio tiene mucho riesgo y no quiero cogerme los dedos". *Arriscar o pescoço* (UF) [alguém]: "Este negócio é muito complicado e não quero arriscar o pescoço".
comer el coco v. [alguien a alguien] Convencer a alguien, aprovechándose de su ingenuidad o buena fe: "Sus amigos le han comido el coco para que organice una fiesta". *Fazer a cabeça* (UF) [alguém de alguém]: "Seus amigos fizeram a cabeça dele, para ele organizar um festa".
comerse con los ojos v. [alguien algo/a alguien] Mirar a alguien o algo muy fijamente y con enojo, curiosidad o deseo: "Parece que te gusta esa chica, porque te he sorprendido comiéndotela con los ojos". *Comer/devorar com os olhos* (UF) [alguém algo/alguém]: "Eu acho que você gosta dessa garota, porque eu vi que você a comia com os olhos".
comerse el coco v. [alguien] Preocuparse: "Ese chico se come el coco por una tontería". *Esquentar a cabeça / Estar de cabeça quente* (UF) [alguém]: "Esse garoto esquenta a cabeça por besteira".
como alma que (se) lleva el diablo adv. Con rapidez, precipitadamente, a toda prisa: "Llamaron a Juan por teléfono y se fue como alma que lleva el diablo". *Como um raio / por cima de pau e de pedra* (UF): "Telefonaram para o João e ele saiu como um raio".
como anillo al dedo adv. A la medida, muy bien: "Un coche como ése nos vendría como anillo al dedo para nuestras necesidades". *Como uma luva* (UF): "Um carro como esse cairia como uma luva para gente".
(como) de/para chuparse los dedos adj. Muy refinado, excelente: "Es mejor que vayamos al restaurante que te decía, porque allí sirven un pescado de chuparse los dedos". *De lamber os dedos/beiços/lábios* (UF): "Talvez seja melhor ir ao restaurante que eu falei, porque ali servem um peixe de lamber os dedos".

con buen pie adv. Con suerte: "He empezado el curso con buen pie y creo que aprobaré todas las asignaturas". *Com o pé direito* (UF): "Comecei o ano com o pé direito e acho que vou passar em todas as matérias".

con el corazón (en la mano) adv. Con toda sinceridad y franqueza: "¿Cómo no vas a creerle? Siempre nos ha hablado con el corazón en la mano". *Com o coração/peito aberto / de coração / do fundo do coração* (UF): "Como você não acredita nele? Ele sempre nos falou com o peito aberto".

con (el) pie derecho véase **con buen pie**.

con (el) pie izquierdo adv. Sin suerte: "He empezado el año con el pie izquierdo, espero que las cosas se arreglen". *Com o pé esquerdo* (UF): "Comecei o ano com o pé esquerdo, espero que as coisas se acertem".

con la boca abierta adj. Admirado, asombrado, atónito: "Cuando le dijeron que le había tocado la lotería, se quedó con la boca abierta". *Com a/de boca aberta* (UF): "Quando lhe falaram que ele tinha ganhado na loteria, ficou com a boca aberta".

con la soga al cuello adv. En grave riesgo o en una situación muy apurada: "Se vio con la soga al cuello, si no pagaba el dinero, le embargaban la casa". *Com a corda no pescoço/na garganta* (UF): "Viu-se com a corda no pescoço, se não pagava o dinheiro, lhe embargavam a casa".

con las manos en la masa adv. En el mismo momento de estar cometiendo un delito o acción reprensible: "Estaba robando y lo pillaron con las manos en la masa". *Com a mão na massa* (UF): "Estava roubando e o surpreenderam com a mão na massa".

con las manos vacías adv. Sin conseguir su propósito: "Vino a pedirme un favor, pero yo se lo negué y tuvo que marcharse con las manos vacías". *Com as mãos vazias/abanando* (UF): "Veio me pedir um favor, mas eu lhe disse não e teve que ir embora com as mãos vazias".

con los brazos cruzados adv. Sin hacer nada: "Vio cómo pegaban al niño y él se quedó con los brazos cruzados". *De/com os braços cruzados* (UF): "Viu como batiam no menino e ficou de braços cruzados".

con los ojos abiertos adv. Con mucha precaución: "Hemos pasado la noche con los ojos abiertos, a causa de los ladrones". *Com os olhos abertos / com um olho aberto e o outro fechado* (UF): "Passamos a noite com os olhos abertos, por causa dos ladrões".

con los pies adv. Muy mal hecho: "A esta mujer no se le puede confiar nada importante, porque todo lo hace con los pies". *A machado / de qualquer jeito / como a cara de quem fez* (UF): "Não devemos confiar nado de muito importante a esta mulher porque ela faz tudo de qualquer jeito".

con mal pie véase **con el pie izquierdo**.
con pelos y señales adv. Con todo género de detalles: "Te voy a contar mi vida con pelos y señales". *Tintim por tintim* (UF): "Vou lhe contar minha vida tintim por tintim".
con pies de plomo adv. Con mucha prudencia o cautela: "Ahora tienes que actuar con pies de plomo en las relaciones con tu jefe". *Com um pé adiante e outro atrás / pisar em ovos* (UF) [alguém]: "Agora você deve proceder com um pé adiante e outro atrás no relacionamento com seu chefe".
correr sangre v. Producirse heridas en una riña: "Regañaron, pero no llegó a correr sangre". *Correr sangue* (UF): "Houve briga, mas não chegou a correr sangue".
cortarse la coleta v. [alguien] Retirarse de una profesión: "Al ver que sus libros no tenían ningún éxito, decidió cortarse la coleta y no volvió a escribir en su vida". *Dependurar as chuteiras* (UF) [alguém]: "Vendo que seus livros não faziam sucesso, decidiu dependurar as chuteiras e nunca mais voltou a escrever".
costar un ojo de la cara v. [algo a alguien] Costar, valer demasiado: "Esta pulsera te habrá costado un ojo de la cara". *Custar os olhos da cara* (UF) [algo a alguém]: "Esta pulseira deve ter lhe costado os olhos da cara".
costar un riñón v. [algo a alguien] Costar, valer demasiado: "Esta pulsera te habrá costado un riñón". *Custar os olhos da cara* (UF) [algo a alguém] / *Ser um tiro* (UF) [algo]: "Esta pulseira deve sido um tiro".
cruzar la cara v. [alguien a alguien] Dar bofetadas o golpear a alguien en el rostro: "El niño no obedeció y el padre le cruzó la cara". *Partir/quebrar a cara* (UF) [alguém a alguém]: "O menino não obedeceu e o seu pai lhe partiu a cara".
cubrirse las espaldas v. [alguien] Asegurarse contra todo riesgo o eventualidad: "En el contrabando de drogas, los verdaderos delincuentes siempre saben cómo cubrirse las espaldas". *Livrar as costas* (UF) [alguém]: "No contrabando de drogas, os verdadeiros delinqüentes sempre sabem livrar as costas".
culo de mal asiento s. Persona inquieta que no se encuentra a gusto en ninguna parte: "No es posible lograr que permanezca sentado más de cinco minutos. Es un culo de mal asiento". *Ter fogo no rabo / não sentar o rabo /não parar num lugar* (UF) [alguém]: "É impossível conseguir que permaneça sentado mais de cinco minutos. Parece que tem fogo no rabo".

d

dar la cara v. [alguien] No esconderse, asumir responsabilidades o culpas: "El contable tiene que dar la cara y explicar qué ha pasado con el dinero que ha desaparecido". *Dar a cara* (UF) [alguém]: "O contador tem que dar a cara e explicar o que aconteceu com o dinheiro desaparecido".

dar las espaldas v. A [alguien a alguien] Retirarse de la presencia de alguien con desprecio: "Se enfadó mucho con él y le dio las espaldas sin decirle ni siquiera adiós". *Dar/voltar/virar as costas* (UF) [alguém a alguém]: "Zangou-se muito com ele e lhe deu as costas sem sequer lhe dizer adeus".
B [alguien a alguien] Negarle a alguien el favor, la protección o la amistad: "Cuando le pedí que me buscara un empleo me dio las espaldas". *Dar/voltar/virar as costas* (UF) [alguém a alguém]: "Quando lhe pedi que me arranjasse emprego me deu as costas".

dar pie v. [algo/alguien a/para algo] Ofrecer ocasión o motivo para algo: "Lo que dijo dio pie para reñir con él". *Dar margem* (UF) [algo/alguém para algo]: "O que ele disse deu margem para brigar com ele".

dar vueltas la cabeza v. [a alguien] Marearse: "Me da vueltas la cabeza, debe de ser por culpa del alcohol". *Estar com a cabeça girando/rodando / ver o mundo/tudo girando/rodando* (UF) [alguém]: "Estou com a cabeça girando, deve ser por causa do álcool".

darse con un canto en los dientes/pechos v. [alguien] Darse por contento cuando lo que ocurre es más favorable o menos adverso de lo que podía esperarse: "Pensabas gastar mil pesetas y sólo has gastado quinientas, así que te puedes dar con un canto en los dientes". *Dar-se por satisfeito* (UF) [alguém]: "Você pensou que ia gastar cem reais e só gastou cinqüenta, então pode se dar por satisfeito".

de brazos cruzados véase **con los brazos cruzados**.

de la cabeza a los pies adv. Por completo, totalmente: "Es la persona más tonta que he conocido; es que es tonta de la cabeza a los pies". *Da cabeça aos pés / dos pés à cabeça* (UF): "É a pessoa mais boba que conheci; é que ela é boba da cabeça aos pés".

de primera mano adj. A: perteneciente al primero que lo ha comprado: "Te aconsejo que compres un coche de primera mano; los coches viejos no dan más que problemas". *De primeira mão* (UF): "Acho que você deve comprar um carro de primeira mão; os carros velhos só dão problemas".
B: directo, sin intermediarios: "Esta revista es estupenda. Trae información de primera mano, realizada por enviados especiales, y no por periodistas que

repiten lo que dicen otros". *De primeira mão* (UF): "Esta revista é ótima. Traz informação de primeira mão, realizada por enviados especiais, e não por jornalistas que repetem o que dizem outros".
dejado de la mano de Dios adj. A [alguien] De conducta reprobable: "Nunca hará nada bueno en la vida; es un hombre dejado de la mano de Dios". *Ser um largado* (UF) [alguien]: "Nunca fará nada bom na vida; é um largado".
B [algo] descuidado o abandonado: "La casa parecía dejada de la mano de Dios: las ventanas estaban rotas y el tejado sin tejas". *Abandonado a sua própria sorte / abandonado às moscas* (UF) [algo/alguém]: "A casa parecia abandonada a sua própria sorte: as janelas estavam destruídas e o telhado sem telhas".
dejar con un palmo/dos palmos de narices v. [alguien a alguien] Dejar desconcertado, burlado, chasqueado: "Después de esperarlo dos horas, no apareció y nos dejó con un palmo de narices" *Deixar com a cara no chão* (UF) [alguém a alguém]: "Depois de esperá-lo duas horas, não apareceu e nos deixou com a cara no chão".
dejar los hígados v. A [alguien] Vomitar: "Se dio tal atracón de mariscos, que acabó dejando los hígados" *Meter o dedo na goela / colocar os bofes para fora* (UF) [alguém]: "Comeu tanto mariscos, que acabou colocando os bofes para fora."
B [alguien] Esforzarse o trabajar hasta el agotamiento: "Nos hicieron trabajar hasta dejar los hígados, y al final nos pagaron una cantidad ridícula. ¡Qué explotación!". *Dar o sangue / trabalhar até não mais poder* (UF) [alguém]: "Fizeram a gente dar o sangue e no final nos pagaram uma miséria. Que exploração!".
devorar con los ojos véase **comerse con los ojos**.
dormir a pierna suelta v. [alguien] Dormir con tranquilidad o con absoluta despreocupación: "Estaba tan cansado, que durmió a pierna suelta más de diez horas". *Dormir como uma pedra* (UF) [alguém] : "Estava tão cansado, que dormiu como uma pedra por mais de dez horas".

e

echar el ojo v. [alguien a algo/alguien] Fijarse en alguien o algo con la intención de conseguirlo: "Le he echado el ojo a una camisa de seda y creo que la compraré". *Botar/colocar/por os olhos* (UF) [alguém em algo/alguém]: "Botei os olhos em uma camisa de seda e acho que vou comprá-la".
echar en cara v. [alguien algo a alguien] Reprocharle algo a alguien: "Me

echó en cara el hambre que había pasado desde que se casó conmigo". *Jogar/atirar na cara* (UF) [alguém algo a alguém]: "Jogou-me na cara a fome que tinha passado desde que se casou comigo".

echar los hígados véase **dejar los hígados**.

echar una cana al aire v. [alguien] Permitirse una expansión, como excepción a la regla habitual: "Cuando le dieron el premio, echó una cana al aire saliendo a cenar". *Dar uma escapadinha/relaxada / botar/colocar as manguinhas de fora* (UF) [alguém]: "Quando lhe deram o prêmio, deu uma escapadinha saindo para jantar".

echar una mano v. [alguien a alguien] Ayudar a alguien: "Si tienes que mudarte de casa, yo te echaré una mano". *Dar a/uma mão/uma mãozinha* (UF) [alguém a alguém]: "Se você se mudar de casa, eu lhe darei uma mãozinha".

empinar el codo véase **alzar el codo**.

en buenas manos adv. Bajo la responsabilidad de alguien serio y competente: "Le van a operar dentro de unos días, pero está muy tranquilo porque sabe que está en buenas manos". *Em boas mãos* (UF): "Ele vai ser operado dentro de uns dias, mas está muito tranqüilo porque sabe que está em boas mãos".

en cabeza véase **a la cabeza**.

en cuerpo y alma adv. Totalmente: "Se entregó al trabajo en cuerpo y alma". *De cuerpo e alma* (UF): "Entregou-se ao trabalho de corpo e alma".

en las/sus (mismas/propias) narices adv. En presencia de alguien y sin tenerle respeto: "Me insultó en mis propias narices". *Na cara / nas (suas/próprias) barbas* (UF): "Insultou-me nas minhas próprias barbas".

en un abrir y cerrar de ojos adv. En un instante: "Alfonso se afeitó en un abrir y cerrar de ojos". *Em um abrir e fechar de olhos* (UF): "Afonso se barbeou em um abrir e fechar de olhos".

encoger los hombros v. [alguien] Dar muestras de no saber o no querer responder a una pregunta: "Le pregunté si sabía cuándo llegaría su padre, y él, por toda respuesta, encogió los hombros". *Encolher os ombros / dar de ombros* (UF) [alguém]: "Perguntei se sabía cuando seu pai ia chegar, e ele, como resposta, encolheu os ombros".

encogerse de hombros v. [alguien] Mostrarse o permanecer indiferente: "Veo que no tienes sensibilidad para los problemas sociales; ante el grave problema del paro, tú te encoges de hombros". *Encolher os ombros / dar de ombros* (UF) [alguém]: "Vejo que você não tem sensibilidade para os problemas sociais; diante do grave problema do desemprego, você simplesmente dá de ombros".

encogerse el corazón v. A [a alguien] Experimentar lástima o compasión por alguien o algo: "Se nos encogía el corazón al ver el reportaje sobre las víctimas de la droga". *Cortar o coração/alma* [algo] / *ficar com o coração apertado* (UF) [alguém]: "Ao ver a reportagem sobre as vítimas da droga, ficávamos com o coração apertado".
B [a alguien] Sentir miedo: "Se le encoge a uno el corazón al ver de tan cerca el precipicio". *Ficar com o coração na mão* [alguém] / *quase parar o coração* (UF): "Qualquer pessoa fica com o coração na mão ao ver tão de perto o precipício".
encogerse el ombligo véase **arrugarse el ombligo**.
enseñar los dientes v. [alguien a alguien] Amenazar: "Aquí cada uno hace lo que quiere; tendré que enseñar los dientes a esta gente para imponer un poco de disciplina". *Falar grosso* (UF) [alguém]: "Aqui cada um faz o que quer; vou ter que falar grosso para impor um pouco de disciplina".
escarmentar en cabeza ajena v. [alguien] Aprender de la experiencia ajena para evitar daños: "Parece que el chico ha escarmentado en cabeza ajena, porque después del accidente que sufrió su amigo ya no quiere saber nada de la motocicleta". *Aprender a lição / mirar-se no pelo/espelho do outro* (UF) [alguém]: "Parece que o garoto aprendeu a lição porque depois do acidente que seu amigo sofreu já não quer saber da motocicleta".
estar con el agua al/hasta el cuello v. [alguien] Encontrarse en situación muy apurada: "Estoy con el agua al cuello porque debo mucho dinero y no puedo pagarlo". *Estar com a corda no pescoço/na garganta* (UF) [alguém]: "Estou com a corda no pescoço, porque devo muito dinheiro e não posso pagá-lo".
estar con el alma en un hilo/en vilo v. [alguien] Estar con gran temor: "Cuando sale su novio con la moto, ella está con el alma en vilo, siempre temiendo que tenga un accidente". *Estar/ficar com o coração na(s) mão(s)/saindo pela boca* (UF) [alguém]: "Quando seu namorado sai de moto ela fica com o coração na mão, temendo que ele sofra um acidente".
estar con la mosca detrás de/en la oreja v. [alguien] Abrigar sospechas, recelar: "Creo que mis amigos no me han dicho la verdad: estoy con la mosca detrás de la oreja". *Estar com a pulga detrás da orelha* (UF) [alguém]: "Acho que meus amigos não me disseram a verdade: estou com a pulga detrás da orelha".
estar con los nervios de punta v. [alguien] Sufrir excitación nerviosa: "Hoy hemos estado todo el día con los nervios de punta esperando el resultado de la operación de mamá". *Estar com os nervos à flor da pele* (UF) [alguém]:

"Hoje estávamos com os nervos à flor da pele esperando o resultado da operação de mamãe".
estar de uñas v. [alguien con alguien] Estar enfadado o reñido con alguien: "No quiero saber nada de Esteban, estoy de uñas con él". *Estar de mal* (UF) [alguém com alguém]: "Não quero saber de Estevão, estou de mal com ele".
estar en (las) manos v. [algo/alguien de alguien] Estar en poder de alguien: "En realidad el negocio está en manos de una empresa multinacional; nosotros somos solamente empleados asociados". *Estar nas mãos* (UF) [algo/alguém de alguém]: "Na verdade o negócio está nas mãos de uma empresa multinacional; nós somos somente empregados associados".
estar hasta el (mismísimo) coño v. [alguien de algo/alguien] Estar una mujer harta: "Hoy en día las mujeres estamos hasta el coño de vivir en una sociedad machista". *Estar cheio / estar até aqui* (UF) [alguém de algo/alguém]: "Hoje em dia, nós, as mulheres, estamos cheias de viver em uma sociedade machista".
estar hasta la coronilla v. [alguien de algo/alguien] Estar harto: "Estoy hasta la coronilla de estos niños tan traviesos". *Estar cheio / estar até aqui* (UF) [alguém de algo/alguém]: "Estou cheia destes meninos tão danados".
estar hasta la nariz/las narices v. [alguien de algo/alguien] Estar harto o cansado: "Estoy hasta las narices de aguantar la música del vecino a altas horas de la noche". *Estar cheio / estar até aqui* (UF) [alguém de algo/alguém]: "Estou cheio de agüentar o som do vizinho a altas horas da noite".
estar hasta los (mismísimos) cojones v. [alguien de algo/alguien] Estar un hombre harto: "En este país estamos todos hasta los cojones de oír siempre las mismas promesas de los políticos". *Estar cheio / estar até aqui* (UF) [alguém de algo/alguém]: "Neste país todos estamos cheios de ouvir sempre as mesmas promesas dos políticos".
estar hasta los ovarios v. [alguien de algo] Estar una mujer harta: "Estoy hasta los ovarios de que me digan que las mujeres no sabemos conducir bien". *Estar cheio / estar até aqui* (UF) [alguém de alguém/algo]: "Estou cheia de que me digam que nós, as mulheres, não dirigimos bem".
estar hasta los pelos véase **estar hasta la coronilla**.
estirar la pata v. [alguien] Morir: "El perro estiró la pata porque se había comido el veneno de los ratones". *Bater (com) as botas* (UF) [alguém]: "O cachorro bateu as botas porque tinha comido veneno de ratos".

f

frotarse las manos v. [alguien] Sentir satisfacción, generalmente ante el mal ajeno: "Si tú cierras el negocio, tus competidores se frotarán las manos". *Bater palmas / esfregar as mãos de contentamento* (UF) [alguém]: "Se você fechar o negócio, seus competidores baterão palmas".

h

hablar por los codos véase **charlar por los codos**.
hacer boca véase **abrir boca**.
hacer de tripas corazón v. [alguien] Disimular el miedo o disgusto: "Tuve que hacer de tripas corazón y no respondí a sus insultos". *Fazer das tripas coração* (UF) [alguém]: "Tive que fazer das tripas coração e não respondi a seus insultos".
hacer pie v. [alguien] Llegar con los pies al suelo cuando se está en el agua: "Puedes estar tranquilo porque en este lado de la piscina los niños hacen pie". *Dar pé* (UF) [alguém]: "Pode ficar tranquilo, porque neste lado da piscina os meninos dão pé".
hacer (todo) lo que está en su mano v. [alguien] Hacer lo que buenamente uno puede: "Ya sé que es mucho trabajo para una sola persona, pero tú haz lo que esté en tu mano; el resto lo haré yo". *Fazer (tudo) o que estiver ao seu alcance* (UF) [alguém]: "Eu sei que é muito trabalho para um pessoa só, mais faça o que estiver ao seu alcance; o resto faço eu".
hacerse la boca agua v. [a alguien] Deleitarse con el recuerdo de una cosa agradable, o con la esperanza de conseguirla: "Cuando pienso en el gazpacho que hacía mi madre, se me hace la boca agua". *Dar água na boca / encher a boca de água* (UF) [a alguém]: "Quando me lembro da sopa que minha mãe fazia, me enche a boca de água".
hacerse la picha un lío v. [alguien con algo] Embrollarse, confundirse: "Hoy el profesor de química se hizo la picha un lío con las fórmulas y tuvo que borrarlo todo y empezar de nuevo". *Meter os pés pelas mãos* (UF) [alguém com algo]: "Hoje o professor de química meteu os pés pelas mãos com as fórmulas e teve que apagar tudo e começar de novo".
hacerse un nudo en la garganta véase **atravesarse un nudo en la garganta**.
hinchar la nariz/las narices v. [alguien a alguien] Hacer perder la paciencia a alguien: "Me estaba hinchando las narices y tuve que decirle cuatro cosas". *Cansar a (sua) beleza* (UF) [alguém a alguém]: "Ele já estava me cansando a beleza e tive que dizer umas coisas".

hincharse la nariz/las narices v. [a alguien] Perder la paciencia: "¡Ya se me están hinchando las narices de aguantar a mi suegra! ¡Un día la echo fuera de casa!". *Cansar a (sua) beleza* (UF) [alguém a alguém] / *Estar de saco cheio* (UF) [alguém]: "Minha sogra já está me cansando a beleza! Qualquer dia a coloco para fora de casa!".

i

importar un carajo v. [algo/alguien a alguien] Resultar indiferente una persona o cosa a alguien: "Me importa un carajo lo que hagas". *Não estar nem aí* (UF) [alguém para algo/alguém]: "Não estou nem aí para o que você fizer".
importar un huevo/tres huevos véase **importar un carajo**.
ir de cabeza v. [algo/alguien] Ir mal, decaer: "Apenas tienen clientes; el negocio va de cabeza". *Ir de mal a pior* (UF) [algo/alguém]: "Têm uns poucos clientes; o negócio vai de mal a pior".
ir de cráneo v. A [alguien] Empeorar, haber empeorado: "El pobre hombre va de cráneo; en sólo una semana ya han tenido que operarlo dos veces". *Ir de mal a pior* (UF) [alguém]: "O pobre homem vai de mal a pior; em só uma semana já tiveram que operá-lo dois veces".
B [alguien] Tener muchas cosas urgentes que hacer: "En el mes de agosto hay muchos empleados de vacaciones, y los pocos que quedamos vamos de cráneo con tanto trabajo". *Estar até a medula* (UF) [alguém]: "No mês de agosto há muitos empregados de férias, e os poucos que ficamos estamos até a medula de tanto trabalho".
irse a las manos v. [alguien] Pelearse, golpearse: "La discusión se hizo tan violenta, que poco faltó para que se fueran a las manos". *Sair na mão / vir às mãos* (UF) [alguém]: "A discussão ficou tão violenta que faltou pouco para que saíssem na mão".
irse a tomar por (el) culo v. [algo] Fracasar o quebrar: "La compañía teatral se fue a tomar por el culo por falta de subvenciones estatales". *Ir por água abaixo* (UF) [algo]: "A companhia teatral foi por água abaixo por falta de subvenção do governo".
irse de la lengua v. [alguien] Decir algo que se debiera mantener secreto: "Se fue de la lengua y le dijo que estábamos preparando una fiesta de cumpleaños". *Dar com a língua nos dentes* (UF) [alguém]: "Ele deu com a língua nos dentes e disse que estávamos preparando uma festa de aniversário".
irse la fuerza por la boca v. [a alguien] Ser fanfarrón, decir fanfarronadas: "No tengas miedo a las amenazas de Enrique, porque se le va la fuerza por la

boca y es incapaz de hacer lo que dice". *Ter muita garganta* (UF) [alguém]: "Não tenha medo das ameaças de Enrique, poque ele tem muita garganta e é incapaz de fazer o que diz".

irse la lengua v. [a alguien] Decir o revelar algo que no debía manifestarse: "Puedes contarme tus secretos con toda confianza; ya sabes que a mí no se me va la lengua fácilmente". *Dar com a língua nos dentes* (UF) [alguém]: "Pode me contar seus segredos com toda confiança; você sabe que eu não dou com a língua nos dentes facilmente".

irse los ojos v. [a alguien por/tras algo/alguien] Desear algo o a alguien con vehemencia: "A don Baldomero, a pesar de tener los sesenta años cumplidos, se le van los ojos tras las jovencitas del barrio". *Ficar babando* (UF) [alguém por algo/alguém]: "Senhor Baldomero, apesar de ter sessenta anos completos, fica babando quando vê as garotas do bairro".

l

lavarse las manos v. [alguien] Mostrar inocencia, afirmar que no se tiene responsabilidad en un asunto: "Yo aquí me lavo las manos; si ocurre alguna desgracia, no será por mi culpa". *Lavar as (suas) mãos* (UF) [alguém]: "Eu aqui lavo as minhas mãos; se ocorrer alguma desgraça, não será culpa minha".

liarse la manta a la cabeza v. [alguien] Proceder de modo enérgico y resuelto: "Los obreros se liaron la manta a la cabeza y decidieron convocar una huelga salvaje sin detenerse a pensar en las consecuencias". *Jogar tudo para cima/o alto / meter as caras* (UF) [alguém]: "Os trabalhadores jogaram tudo para o alto e optaram por uma greve selvagem sem pensar nas conseqüências".

ligero de cascos véase **alegre de cascos**.

llevar clavado en el alma [alguien algo] Experimentar algún dolor, ofensa o desdén difícil de olvidar: "Está muy triste y no habla con nadie, parece que el fracaso amoroso lo lleva clavado en el alma". *Marcar a/sua alma* (UF) [algo a alguém]: "Está muito triste e não fala com ninguém, parece que o fracasso amoroso lhe marcou a alma".

m

manga(s) por hombro(s) adj. [algo] Muy desordenado: "En esta casa no es posible encontrar nada en su sitio; todo anda manga por hombro". *De pernas para o ar / de ponta cabeça* (UF) [algo]: "Nesta casa não é possível encontrar nada em seu lugar; tudo está de pernas para o ar".

mano de santo s. Remedio o solución muy eficaz: "Este jarabe es mano de santo para la tos". *Santo remédio* (UF): "Este xarope é um santo remédio para a tosse".
mano sobre mano adv. Sin hacer nada: "Se pasa el día en su casa mano sobre mano". *À toa / com as mãos abanando* (UF): "Ele passa o dia em casa à toa".
meter la pata v. [alguien] Cometer un error, fallo o indiscreción: "Metió la pata al hacer la operación final y suspendió el examen". *Dar um fora / meter os pés pelas mãos* (UF) [alguém]: "Meteu os pés pelas mãos ao fazer a última operação e perdeu na prova".
meterse en la boca del lobo v. [alguien] Exponerse sin necesidad a un peligro cierto: "No vayas por esos barrios: eso es como meterse en la boca del lobo". *Brincar com fogo* (UF) [alguém]: "Não ande por esses bairros: isso é como brincar com fogo".
meterse en la cabeza v. A [algo a alguien] Figurarse algo con poco fundamento y obstinarse en considerarlo cierto: "No sé por qué se me había metido en la cabeza que Antonio se había separado de su mujer, ahora ya veo que me había equivocado por completo". *Meter/enfiar na cabeça* (UF) [alguém algo]: "Não sei por que meti na cabeça que Antonio tinha se separado da mulher, agora percebo que estava totalmente enganado".
B [algo a alguien] Perseverar en un capricho: "Se le ha metido en la cabeza emigrar a América, justo cuando empezaba a tener un buen sueldo, y nadie va a convencerlo de que se quede". *Meter/enfiar na cabeça* (UF) [alguém algo]: "Enfiou na cabeça a idéia de emigrar para a América, justo agora que começava a ter um bom salário, e ninguém vai convecê-lo a ficar".
mirar por encima del hombro v. [alguien a alguien] Despreciar, desdeñar: "Hoy en día a todo el que no tiene coche se le mira por encima del hombro, como si fuese un ser de categoría inferior". *Olhar por cima do ombro* (UF) [alguém a alguém]: "Hoje em dia se olha por cima do ombro a todo mundo que não tem carro, como se fosse um ser inferior".
mostrar los dientes véase **enseñar los dientes**.

n

no abrir el pico véase **callar el pico**.
no alcanzar más allá de sus narices v. [alguien] Ser de cortos alcances, tener poca inteligencia: "Tú no eres capaz de comprender la gravedad de la situación porque no alcanzas más allá de tus narices". *Não enxergar/ver um palmo adiante/à frente do nariz* (UF) [alguém]: "Você não é capaz de compreender a gravidade da situação porque não vê um palmo à frente do nariz".

(no) alzar cabeza v. [alguien] (No) mejorar enconómicamente, de salud o de ánimos: "Ese médico tiene muchos problemas y no alza cabeza". *(Não) dar a volta por cima / estar/andar cabisbaixo* (UF) [alguém]: "Este médico tem muitos problemas e não consegue dar a volta por cima".

no caber en la cabeza v. [algo a alguien] No poder comprender algo: "No me cabe en la cabeza cómo pudo salir de ahí sin que lo viéramos". *Não caber/entrar na (sua) cabeça* (UF) [algo]: "Não entra na minha cabeça como ele pôde sair daí sem que o víssemos".

no caerse de la boca v. [algo/alguien a alguien] Hablar siempre de lo mismo: "Al abuelo no se le cae de la boca la historia esta de la batallita en que tomó parte de joven". *Não abrir a boca para não falar* (UF) [alguém de algo/alguém]: "Nosso avô não abre a boca para não falar daquela história da batalha em que tomou parte quando era jovem".

(no) chuparse el dedo v. [alguien] (No) ser tonto, (no) dejarse engañar: "A mí no me engañas, que yo no me chupo el dedo". *Não ser nenhum idiota / ser algum idiota* (UF) [alguém]: "Você não me engana, porque eu não sou nenhum idiota".

(no) dar el/su brazo a torcer v. [alguien] (No) ceder, mantener con entereza u obstinación la propia opinión: "Siempre tenemos que hacer lo que él quiere porque no da nunca su brazo a torcer". *(Não) dar o braço a torcer* (UF) [alguém]: "Sempre temos que fazer o que ele quer, porque não dá nunca o braço a torcer".

no dar pie con bola v. [alguien] Equivocarse repetidamente: "Este locutor no da pie con bola cuando pronuncia palabras en una lengua extranjera". *Não acertar uma / não dar uma dentro / só dar fora* (UF) [alguém]: "Este locutor não acerta uma quando pronuncia palavras em uma língua estrangeira".

no decir esta boca es mía v. [alguien] No decir absolutamente nada: "Cuando pregunté si necesitabas algo, no dijiste esta boca es mía". *Não abrir a boca / não dar um piu* (UF) [alguém]: "Quando eu perguntei se você necessitava algo, você não deu um piu".

no dejar títere sano/con cabeza v. A [alguien] Romper, destruir, desbaratar: "La niña se ha subido a la estantería de las porcelanas y no ha dejado títere con cabeza". *Não deixar pedra sobre pedra* (UF) [alguém]: "A menina subiu na prateleira das porcelanas e não deixou pedra sobre pedra".

B [alguien] Hacer una crítica destructiva: "Se puso a hablar de sus compañeros y no ha dejado títere con cabeza". *Não poupar ninguém / Não deixar pedra sobre pedra* (UF) [alguém]: "Começou a falar dos colegas e não deixou pedra sobre pedra".

no entrar en la cabeza véase **no caber en la cabeza**.

no fiarse un pelo v. [alguien de alguien] No fiarse en absoluto: "Yo de estos comerciantes que no tienen precios fijos no me fío un pelo. Siempre pienso que me van a engañar en el precio". *Não acreditar/confiar nem um pingo* (UF) [alguém em alguém]: "Não confio nem um pingo nestes comerciantes que não têm preços fixos. Sempre penso que vão me enganar nos preços".

(no) levantar cabeza véase **(no) alzar cabeza**.

no llegar la camisa al cuerpo v. [a alguien] Estar lleno de inquietud o temor: "Mañana empiezan los exámenes de fin de curso y estoy que no me llega la camisa al cuerpo". *Estar com o coração na mão* (UF) [alguém]: "Amanhã começam as provas do fim do semestre e estou com o coração na mão".

(no) mamarse el dedo vése **(no) chuparse el dedo**.

no mirar a la cara v. [alguien a alguien] Mostrarse muy ofendido con alguien rehuyendo su trato: "Desde que se portó tan mal con mi padre, no le miro a la cara". *Não querer (nem) olhar/ver a cara* (UF) [de alguém] *não querer ver nem pintado* (UF) [alguém a alguém]: "Desde que se comportou tão mal com meu pai, não quero vê-lo nem pintado".

no mover un dedo v. [alguien por algo/alguien] No esforzarse o tomarse molestias por alguien o algo: "Me ha pedido que le ayude, pero es una persona tan antipática, que no pienso mover un dedo por él". *Não mover/levantar/mexer um dedo* (UF) [alguém por algo/alguém]: "Ele me pediu para ajudá-lo, mas é uma pessoa tão antipática, que não pretendo levantar um dedo por ele".

no pegar ojo/los ojos v. [alguien] No dormir: "Los ruidos de la calle no me han dejado pegar ojo". *Não pregar (o) olho* (UF) [alguém]: "O barulho da rua não me deixou pregar o olho".

no poder (ni) con el/su alma v. [alguien] Estar muy fatigado: "He trabajado tanto, que no puedo con mi alma". *Não poder/agüentar (nem) consigo mesmo / estar com a língua de fora* (UF) [alguém]: "Trabalhei tanto que não posso comigo mesma".

no (poder) sostenerse de/en pie v. [alguien] Encontrarse muy débil por enfermedad o cansancio: "Cuando llegué a casa me desplomé en una butaca porque ya no podía sostenerme en pie. Había recorrido treinta kilómetros". *Não poder sustentar-se/agüentar-se de/em pé* (UF) [alguém]: "Quando cheguei em casa desmaiei numa poltrona porque já não podia sustentar-me de pé. Havia percorrido trinta quilômetros".

no (poder) tenerse de/en pie véase **no (poder) sostenerse en pie**.

no quitar ojo (de encima) v. [alguien a algo/alguien] No dejar de mirar u

observar: "El señor de enfrente no te quita el ojo". *Não tirar o olho (de cima)* (UF) [alguém de algo/alguém]: "O senhor de frente não tira o olho de você".
no tener (ni) pies ni cabeza v. [algo] No tener sentido: "El cuento que has escrito no tiene ni pies ni cabeza". *Não ter (nem) pés nem cabeça* (UF) [algo]: "O conto que você escreveu não tem pés nem cabeça".
no tener pelos en la lengua v. [alguien] Decir las cosas sin paliativos y sin temor a herir la susceptibilidad: "Seré sincero: yo no tengo pelos en la lengua para decirte que eres un imbécil". *Não ter papas na língua* (UF) [alguém]: "Vou ser sincero: eu não tenho papas na língua para lhe dizer que você é um imbecil".
no tener sangre en las venas v. [alguien] Ser calmoso, no inmutarse por nada: "No te conmueves con las imágenes de la guerra, ¿es que no tienes sangre en las venas?". *Ter sangue de barata* (UF) [alguém]: "Você não se comove com as imagens da guerra, parece que tem sangue de barata!".
no tener un pelo de tonto v. [alguien] Ser listo: "No intentes engañarme porque no tengo un pelo de tonto". *Ser muito vivo* (UF) [alguém]: "Não tente enganar-me porque sou muito vivo".
(no) tocar un pelo de la ropa v. [alguien a alguien] (No) hacerle el más mínimo daño a alguien, no decir nada que pueda perjudicarle: "Aquí todos tenemos un gran respeto y admiración por usted, y nadie se atreverá a tocarle un pelo de la ropa". *(Não) tocar em um fio de cabelo* (UF) [alguém]: "Aqui todos temos um grande respeito e admiração por você, e ninguém se atreverá a tocar em um fio de cabelo seu".
no ver más allá de sus narices véase **no alcanzar más allá de sus narices**.

o

ojo clínico s. Inteligencia instintiva, sagacidad: "Será muy inteligente, no lo dudo, pero para los negocios le falta ojo clínico". *Olho clínico* (UF): "Poder ser muito inteligene, não duvido, mas para os negócios lhe falta olho clínico".

p

partir la boca v. [alguien a alguien] Pegar en la cara: "Como me insultes, te parto la boca". *Partir/quebrar a/sua boca* (UF) [alguém a alguém]: "Se você me insultar, lhe parto a boca".
partir la cara v. [alguien a alguien] Golpear a alguien en el rostro: "Si vuelves a decir eso de que soy un cobarde, te parto la cara". *Partir/quebrar a/sua*

cara (UF) [alguém a alguém]: "Se você voltar a dizer que sou um covarde, lhe parto a cara".

partirse el corazón v. [a alguien] Experimentar lástima o compasión: "Se le partía el corazón al contemplar su ciudad natal destruida por el bombardeo". *Estar/ficar com o coração partido/despedaçado* (UF) [alguém]: "Ficava com o coração partido ao contemplar a sua cidade natal destruída pelo bombardeo".

pasarse por el forro de los cojones v. [alguien algo/a alguien] Despreciar o rechazar: "De ese cerdo no quiero aceptar nada, así que su dinero me lo paso por el forro de los cojones". *Estar lixando-se / não estar nem se lixando / não estar nem aí* (UF) [alguém para algo/alguém] / *não fazer questão* (UF) [alguém de algo]: "Não vou aceitar nada desse cachorro, estou me lixando para o seu dinheiro".

pasarse por la cabeza v. [algo a alguien] Ocurrírsele algo a alguien: "Tiene siempre malas notas en el colegio, porque nunca se le ha pasado por la cabeza abrir un libro". *Passar pela/por sua cabeça* (UF) [algo a alguém]: "Tira sempre notas baixas no colégio, porque nunca lhe passou pela cabeça abrir um livro".

pasarse por la entrepierna v. [alguien algo] Despreciar o rechazar violentamente: "Los regalos de esa gente tan antipática me los paso por la entrepierna". *Estar lixando-se / não estar nem se lixando / não estar nem aí* (UF) [alguém para algo/alguém] *não fazer questão* (UF) [alguém de algo]: Não estou nem aí para os presentes dessas pessoas antipáticas".

patas arriba adv. En desorden: "El niño estuvo jugando con el perro y la habitación quedó patas arriba". *De pernas para o ar* (UF): "O menino esteve brincando com o cachorro e o quarto ficou de pernas para o ar".

pegarse a los talones v. [alguien a/de alguien] Seguir o perseguir muy de cerca: "Es cierto que no ganó en la carrera de ayer, pero quedó segundo, pegado a los talones al primero". *Estar/ficar na cola* (UF) [alguém de alguém] / *seguir de perto* (UF) [alguém a alguém]: "É verdade que ele não ganhou a corrida de ontem, mas ficou em segundo lugar, na cola do primeiro".

perder la cabeza v. A [alguien] Ofuscársele la razón a alguien: "Ha perdido la cabeza, cree que es Napoleón". *Perder a cabeça* (UF) [alguém]: "Perdeu a cabeça e pensa que é Napoleão".
B [alguien por alguien] Estar ciegamente enamorado: "Has perdido la cabeza por esa chica y siempre la estás buscando". *Perder a cabeça* (UF) [alguém por alguém]: "Você perdeu a cabeça por essa garota e sempre está atrás dela".

perder pie v. [alguien] No encontrar el fondo con el pie cuando se está en el agua: "Me llevé un buen susto, porque, al alejarme nadando de la orilla, perdí pie y casi me ahogo". *Perder (o) pé* (UF) [alguém]: "Tomei um grande susto, porque, ao afastar-me nadando da beirada, perdi pé e quase me afogo".

pico/piquito de oro s. Persona muy elocuente, que domina el arte de la elocuencia: "Mi hermana es un pico de oro: relata las historias muy bien". *Ter muita lábia* (UF) [alguém]: "Minha irmã tem muita lábia: conta as histórias muito bem".

pillarse los dedos v. [alguien] Ser sorprendido cometiendo un delito: "El Ministro de Defensa se ha pillado los dedos en la compra de aviones de combate: acaba de descubrirse que el fabricante le había sobornado con 30 millones". *Ser pego/sorprendido com a boca na botija* (UF) [alguém]: "O Ministro da Defesa foi pego com a boca na botija na compra de aviões de combate: acabam de descobrir que o fabricante lhe tinha subornado com 30 milhões".

pisar los talones véase **pegarse a los talones**.

plantar cara v. [alguien a algo/alguien] Enfrentarse: "Es una mujer de mucho carácter; la he visto plantándoles cara a cuatro hombres armados". *Fazer frente* (UF) [alguém a algo/alguém]: "É uma mulher de natureza forte; eu a vi fazendo frente a quatro homens armados".

plantar de patitas en/a la calle v. [alguien a alguien] Despedir de su puesto de trabajo o de su vivienda: "Los plantaron de patitas en la calle por insultar a un cliente". *Botar/por/colocar no olho da rua* (UF) [alguém a alguém]: "Colocaram-nos no olho da rua por insultar um cliente".

poner de patitas en/a la calle véase **plantar de patitas en la calle**.

poner el dedo en la herida/llaga v. [alguien] Acertar con el verdadero origen de un mal o problema: "Los escritos de este poeta fueron censurados porque ponían el dedo en la llaga de los problemas sociales". *Por/colocar/botar o dedo na ferida/chaga* (UF) [alguém]: "Os escritos deste poeta foram censurados porque colocavam o dedo na chaga dos problemas sociais".

poner el ojo/los ojos v. [alguien en algo/alguien] Fijarse en alguien o algo con la intención de conseguirlo: "He puesto el ojo en una camisa de seda y creo que la compraré". *Botar/colocar/por os olhos* (UF) [alguém em algo/alguém]: "Botei os olhos em uma camisa de seda e acho que vou comprá-la".

poner las cartas boca arriba v. [alguien] Hablar con toda franqueza, exponer sus intenciones sin ocultar nada: "Tras años de sufrimiento la mujer puso las cartas boca arriba y le pidió el divorcio a su marido". *Abrir o jogo / por as cartas na mesa* (UF) [alguém]: "Depois de anos de sofrimento, a mulher abriu o jogo e pediu o divórcio ao marido".

poner la(s) mano(s) en el fuego v. [alguien] Asegurar, dar fe: "No creo que mi amigo robara el dinero; pondría la mano en el fuego". *Botar/colocar/por a(s) mão(s) no fogo* (UF) [alguém]: "Não acho que meu amigo tenha roubado o dinheiro; colocaria a mão no fogo".

poner los nervios de punta v. prnl. [algo/alguien a alguien] Poner nervioso: "La montaña rusa me pone los nervios de punta". *Deixar com os nervos à flor da pele* (UF) [algo/alguém a alguém]: "A montanha russa me deixa com os nervos à flor da pele".

poner los pelos de punta v. prnl. [algo/alguien a alguien] Causar mucho miedo: "Ayer fuimos a ver una película que nos puso los pelos de punta". *Deixar de cabelo em pé* (UF) [algo/alguém a alguém]: "Ontem fomos ver um filme que nos deixou de cabelo em pé".

poner manos a la obra v. prnl. [alguien] Empezar un trabajo o un asunto: "Ya hemos discutido bastante; ahora lo que hay que hacer es poner manos a la obra". *Por/colocar/botar mãos à obra* (UF) [alguém]: "Já discutimos bastante; agora o que temos que fazer é colocar mãos à obra".

poner pies en polvorosa v. [alguien] Escapar o huir a toda prisa: "Cuando los ladrones oyeron las sirenas de la policía, pusieron pies en polvorosa". *Dar no pé* (UF) [alguém]: "Quando os ladrões ouviram as sirenes da polícia, deram no pé".

ponerse en la cabeza véase **meterse en la cabeza**.

ponerse en (las) manos v. [alguien de alguien] Estar bajo el cuidado o la responsabilidad de alguien: "Tengo los dientes en muy mal estado; tendré que ponerme en manos de un buen dentista". *Colocar-se em/nas mãos* (UF) [alguém de alguém]: "Meus dentes estão em péssimo estado, tenho que colocar-me nas mãos de um bom dentista".

ponerse los pelos de punta v. [a alguien] Sentir mucho miedo: "Ayer fuimos al cine a ver una de esas típicas películas de miedo en las que a todo el mundo se le ponen los pelos de punta". *Ficar de cabelo em pé* (UF) [alguém]: "Ontem fomos ao cinema para ver um desses filmes típicos de terror nos quais todo o mundo fica de cabelo em pé".

por barba adv. Por persona: "Tenemos que pagar mil pesetas por barba". *Por cabeça* (UF): "Temos que pagar sete reais por cabeça".

por narices adv. A la fuerza, obligatoriamente, sin pedir explicaciones: "Tuve que hacerlo por narices; no me quedaba otra solución". *A pulso / na marra* (UF): "Tive que fazê-lo a pulso; não me restava outra solução".

por un pelo/por los pelos adv. A: Por poco tiempo: "He cogido el tren por los pelos". *Por um tris / por pouco / por um fio (de cabelo)* (UF): "Peguei o trem por um fio".

B: A duras penas, con grandes dificultades: "He aprobado el examen por los pelos". *Por um tris / por pouco / por um fio (de cabelo)* (UF): "Passei na prova por um tris".

q

quedarse con un palmo/dos palmos de narices v. [alguien] Quedar desconcertado, burlado, chasqueado: "Se quedó con un palmo de narices porque no le presté el coche". *Ficar com a cara no chão* (UF) [alguém]: "Ficou com a cara no chão porque não lhe emprestei o carro".

querer como/más que a la niña/las niñas de sus ojos v. [alguien algo/a alguien] Querer a alguien o algo más que ninguna otra cosa en el mundo: "Éste está siempre limpiando y embelleciendo su coche; debe quererlo más que a la niña de sus ojos". *Querer como/mais que a menina dos olhos* (UF) [alguém algo/alguém]: "Este daí está sempre limpando e embelezendo seu carro, acho que ele o quer mais que a menina dos olhos".

r

rascarse la barriga v. [alguien] Gandulear, no hacer nada: "Tu primo se pasa la vida rascándose la barriga y luego se queja de no tener un céntimo". *Coçar o saco / no mover uma palha* (UF) [alguém]: "Seu primo não move uma palha e depois se queixa de não ter um centavo".

regalar el oído/los oídos v. [alguien a alguien] Lisonjear: "Parece que el jefe me quiere regalar el oído, me ha dicho que últimamente todo lo hago bien". *Puxar o saco* (UF) [alguém a alguém] / *encher de/jogar confete* (UF) [alguém a alguém]: "Parece que o chefe quer me jogar confete, ele me disse que ultimamente faço tudo bem feito".

revolver el estómago v. [algo/alguien a alguien] Causar intenso aborrecimiento: "Me revuelve el estómago ver que es tan antipática con él". *Ter enjôo/náuseas* (UF) [alguém de algo/alguém] / *dar voltas ao/no estômago / dar enjôo/náuseas* (UF) [algo/alguém a alguém]: "Tenho enjôo só de ver como ela é tão antipática com ele".

revolver las tripas v. [algo/alguien a alguien] Causar gran repugnancia física o moral: "A mí estas personas intrigantes me revuelven las tripas". *Dar asco/enjôo/náuseas* (UF) [alguém/algo a alguém]: "Estas pessoas misteriosas me dão asco".

revolverse el estómago v. [a alguien] Experimentar intenso aborrecimiento:

"Cuando pienso que tengo que compartir la misma habitación del hotel con una persona tan odiosa, se me revuelve el estómago". *Ter enjôo/náuseas* (UF) [alguém de algo/alguém] / *dar voltas ao/no estômago* / *dar enjôo/náuseas* (UF) [algo/alguém a alguém]: "Quando penso que tenho que dividir o mesmo quarto de hotel com uma pessoa tão desagradável, me dá náuseas".
romper la cara véase **partir la cara**.
romperse la cabeza/los cascos véase **calentarse la cabeza**.

S

salir de las narices/los cojones v. [algo a alguien] Querer algo, encapricharse en algo, darle la gana a alguien: "Hoy me quedo en casa porque me sale de las narices y no tengo que darle explicaciones a nadie". *Dar na telha* (UF) [algo a alguém]: "Hoje vou ficar em casa porque me dá na telha e não tenho que dar explicações a ninguém".
ser todo oídos v [alguien] Escuchar con mucha atención: "Cuéntame tus problemas, soy toda oídos". *Ser todo ouvidos* (UF) [alguém]: "Conte-me seus problemas, sou toda ouvidos".
ser uña y carne v. [alguien] Ser muy buenos amigos: "No critiques a José delante de Luis porque los dos son uña y carne". *Ser unha e carne* (UF) [alguém]: "Não critique José diante de Luís, porque os dois são unha e carne".
sentar (la) cabeza v. [alguien] Volverse formal, sensato o juicioso: "Espero que la niña haya sentado la cabeza este año y pueda aprobar todas las asignaturas". *Assentar a cabeça / botar/colocar a cabeça no lugar / criar/ganhar juízo* (UF) [alguém]: "Espero que a menina bote a cabeça no lugar este ano e passe em todas as disciplinas".
subirse a la cabeza v. A [algo a alguien] Envanecerse por algo: "Parece que se le ha subido a la cabeza el título universitario, porque desde que es doctor ya no habla con cualquiera". *Subir à/para a cabeça* (UF) [algo a alguém]: "Parece que o título universitário lhe subiu para a cabeça, porque desde que é doutor já não fala com qualquer um".
B [algo a alguien] Emborracharse con algo: "No sabe lo que dice. Parece que la cerveza se le ha subido a la cabeza". *Subir à/para a cabeça* (UF) [algo]: "Não sabe o que está dizendo. Parece que a cerveja subiu para a cabeça".
subirse la sangre a la cabeza v. [a alguien] Encolerizarse: "Se me subió la sangre a la cabeza y me puse a insultarle". *Subir o sangue à cabeça / ferver o sangue nas veias* (UF) [a alguém]: "Subiu-me o sangue à cabeça e comecei a insultá-lo".

subirse los humos a la cabeza v. [a alguien] Envanecerse o ensoberbecerse por haber obtenido algún éxito: "Se le han subido los humos a la cabeza desde que le han nombrado director general, y ya no se puede hablar con él". *Subir à/para a cabeça* (UF) [algo a alguém] / *estar metida à besta / estar com o rei na barriga* (UF) [alguém]: "Está com o rei na barriga desde que lhe nomearam diretor geral, e já não se pode falar com ele".
sudar sangre v. [alguien] Hacer un gran esfuerzo o trabajar mucho: "Para sacar adelante el negocio tuvimos que sudar sangre". *Suar sangue* (UF) [alguém]: "Tivemos que suar sangue para levar a frente o negócio".

t

tapar la boca v. A [alguien a alguien] Sobornar con dinero: "Ya sé que está prohibido construir en estos terrenos, pero tapándole la boca al alcalde, no creo que haya problemas". *Molhar a mão* (UF) [alguém de alguém]: "Já sei que é proibido construir nestes terrenos, mas molhando a mão do prefeito, não creio que haja problemas".
B [alguien a alguien] Dar a alguien una razón tan concluyente que no tenga qué responder: "Era uno do los mejores oradores parlamentarios que recuerdo y sus discursos eran los únicos que lograban taparles la boca a los diputados de la oposición". *Calar/fechar/tapar a boca* (UF) [alguém de alguém]: "Era um dos melhores oradores que eu lembro e seus discursos eram os únicos que conseguiam tapar a boca dos deputados da oposição".
tener (bien) cubiertas/guardadas las espaldas v. [alguien] Estar seguro o gozar de alguna protección: "Le han sorprendido haciendo contrabando, pero no irá a la cárcel porque tiene muy bien cubiertas las espaldas". *Ter as costas largas/quentes* (UF) [alguém]: "Foi surpreendido fazendo contrabando, mas não irá para a prisão, porque tem as costas largas".
tener buena(s) mano(s) v. [alguien para algo] Darse maña para hacer algo, ser mañoso: "Tiene buena mano para los negocios". *Ter a mão boa* (UF) [alguém] / *ter/levar jeito* (UF) [alguém para algo]: "Tem jeito para os negócios".
tener clavado en el alma véase **llevar clavado en el alma**.
tener el corazón en un puño v. [alguien] Experimentar miedo o angustia: "Cuando me metieron en el quirófano, tenía el corazón en un puño: pensaba que me iba a morir en la operación". *Estar com o coração na mão* (UF) [alguém]: "Quando me levaram para a sala de cirurgia, estava com o coração na mão: pensava que ia morrer na operação".
tener en la punta de la lengua v. [alguien algo] Estar próximo a decir o a

acordarse de algo sin lograrlo: "Tengo en la punta de la lengua el apellido de ese político". *Estar na boca / estar debaixo da língua* (UF) [algo]: "Está na boca o sobrenome desse político".
tener entre ceja y ceja v. [alguien a alguien] Mirar a alguien con recelo o aborrecimiento: "No me ha hecho nada, pero lo tengo entre ceja y ceja". *Trazer atravessado/entalado na garganta* (UF) [alguém a alguém]: "Ele não me fez nada, mas o trago entalado na garganta".
tener entre manos v. [alguien algo] Manejar algo, estar ocupado en algún negocio: "Nunca verás a Luis ocioso, siempre tiene algún negocio entre manos". *Ter em vista* (UF) [alguém algo]: "Você nunca vai ver Luis parado, sempre tem algum negócio em vista".
tener la cabeza a/llena de pájaros v. A [alguien] Tener poco juicio: "Como tienes la cabeza a pájaros, en lugar de buscarte una colocación, te pasas la vida soñando cosas imposibles". *Ter a cabeça cheia de vento / não ter juízo* (UF) [alguém]: "Como você tem a cabeça cheia de vento, em vez de buscar emprego, passa a vida sonhando com coisas impossíveis".
B [alguien] Estar distraído: "El camarero se equivocó tres veces seguidas al servir la comida; seguro que tenía la cabeza a pájaros". *Estar com a cabeça nas nuvens* (UF) [alguém]: "O garçom se atrapalhou três vezes ao servir a comida; certamente estava com a cabeça nas nuvens".
tener la cabeza como/hecha un bombo v. [alguien] Estar aturdido, atolondrado: "He trabajado en la oficina ocho horas sin parar, tengo la cabeza hecha um bombo". *Estar com a cabeça cheia/a mil* (UF) [alguém]: "Trabalhei oito horas sem parar no escritório, estou com a cabeça a mil".
tener (la) cara (dura) v. [alguien] Tener desvergüenza, descaro o frescura: "Hay que tener cara dura para pedirle dinero a un desconocido". *Ter/ser cara de pau* (UF) [alguém]: "Tem que ter cara de pau para pedir dinheiro a um desconhecido".
tener la carne de gallina v. A [alguien] Estremecerse de miedo o emoción: "Hemos tenido un accidente de coche y todavía tengo la carne de gallina". *Estar com os cabelos em pé* (UF) [alguém]: "Tivemos um acidente de carro e ainda estou com os cabelos em pé".
B [alguien] Experimentar mucho frío: "Hace tanto frío que tengo la carne de gallina". *Tremer/tiritar de frio / Estar todo arrepiado* [alguém]: "Faz tanto frio que estou toda arrepiada".
tener los nervios de punta véase **estar con los nervios de punta**.
tener mano izquierda v. [alguien] Tener habilidad para hacer algo con disimulo o engaño: "Deja que Juan negocie solo; tiene mucha mano izquierda".

Ter jogo de cintura (UF) [alguém]: "Deixa o João negociar sozinho; ele tem muito jogo de cintura".

tener pájaros en la cabeza véase **tener la cabeza a/llena de pájaros** A.

tirar de la lengua v. [alguien a alguien] Sonsacar con disimulo: "Le tiró de la lengua y se enteró de todo". *Puxar pela língua* (UF) [alguém de algúem] / *jogar verde (para colher maduro)* (UF) [alguém]: "Puxei pela língua dele e fiquei sabendo de tudo".

tirarse de los pelos v. A [alguien] Arrepentirse: "Cuando Luisa se dio cuenta de que se había equivocado, estuvo mucho tiempo tirándose de los pelos". *Arrancar os cabelos* (UF) [alguém]: "Quando Luísa percebeu que tinha se enganado, quase arrancou os cabelos".

B [alguien] Estar o ponerse furioso: "Juan se tiraba de los pelos cuando le pusieron una multa por mal aparcamiento". *Arrancar os cabelos* (UF) [alguém]: "João arrancava os cabelos quando lhe multaram por ter estacionado mal".

tirarse los trastos a la cabeza véase **arrojarse los trastos a la cabeza**.

tocar las narices v. [alguien a alguien] Molestar, incordiar, importunar: "Estoy ya harto de que vengan a mi casa tantos vendedores ambulantes a tocarme las narices". *Amolar/torrar a (sua) paciência* (UF) [alguém]: "Estou cansada já de que tantos vendedores ambulantes venham a minha casa torrar a minha paciência".

tocarse la barriga véase **rascarse la barriga**.

tomar el pelo v. A [alguien a alguien] Burlarse con disimulo: "Llevaba un traje horrible y sus compañeros le tomaban el pelo diciéndole que era precioso". *Curtir/gozar com a/sua cara* (UF) [alguém]: "Vestia uma roupa horrível e seus amigos gozavam com sua cara dizendo que era lindo".

B [alguien a alguien] Engañar: "¿Es que quiere Vd. tomarme el pelo? ¡Yo he pedido costilleta y lo que Vd. me trae es sólo hueso!" *Passar a perna* (UF) [alguém em alguém]: "Você está querendo me passar a perna? Eu pedi costeleta e o que você me traz é só osso!".

tomarse a pecho v. A [alguien algo] Emprender algo con mucho empeño o interés: "Se ha tomado tan a pecho sus estudios, que se pasa la noche entre libros y se olvida de dormir". *Levar/ter/tomar a peito / levar a sério* (UF) [alguém algo]: "Levou tão a sério os estudos, que passa a noite entre os livros e se esquece de dormir".

B [alguien algo] Ofenderse o molestarse por algo: "No debes gastarle bromas a Jiménez, se las toma muy a pecho". *Levar/ter/tomar a peito / levar a sério* (UF) [alguém algo]: "Não faça piadas com Jiménez, porque leva a sério".

traer de cabeza v. [algo/alguien a alguien] Causar grandes preocupaciones o molestias: "Estos niños me traen todo el día de cabeza con sus gritos". *Andar às voltas* (UF) [alguém com algo]: "Ando às voltas o dia todo com os gritos destes meninos".
traerse entre manos véase **tener entre manos**.
tragar bilis v. [alguien] Aguantar la rabia, el coraje o la irritación: "De buena gana le hubiera pegado una bofetada al jefe, pero he tenido que tragar bilis por temor a las represalias". *Engolir sapo* (UF) [alguém]: "Minha vontade era ter dado uma bofetada no chefe, mas tive que engolir sapo por temer represálias".

V

valer un ojo de la cara v. [algo] Costar, valer demasiado: "Esta pulsera habrá valido un ojo de la cara". *Custar os olhos da cara* (UF) [algo a alguém]: "Esta pulseira deve ter custado os olhos da cara".
valer un riñón [algo] Costar, valer demasiado: "Esta pulsera valdrá un riñón". *Custar os olhos da cara* (UF) [algo a alguém] / *Ser um tiro* (UF) [algo]: "Esta pulseira deve sido um tiro".
venir al pelo v. [algo/alguien a alguien] Venir muy bien o muy oportunamente: "Esta paga extraordinaria me viene al pelo, porque me estaba quedando ya sin dinero". *Vir a calhar* (UF) [algo/alguém a alguém]: "Este pagamento extra me veio a calhar, porque eu já estava ficando sem dinheiro".
venirse el alma a los pies véase **caerse el alma a los pies**.
ver con buenos ojos v. [alguien algo/a alguien] Estar de acuerdo: "Parece que el Ayuntamiento ve con buenos ojos el nuevo proyecto arquitectónico; posiblemente se aprobará en los próximos días". *Ver com bons olhos* (UF) [alguém algo/alguém]: "Parece que a Prefeitura vê com bons olhos o novo projeto arquitetônico; é provável que ele seja aprovado nos próximos dias".
ver con malos ojos v. [alguien algo/a alguien] Estar en desacuerdo: "Ha visto con malos ojos nuestra propuesta y no nos subirá el sueldo". *Ver com maus olhos* (UF) [alguém algo/alguém]: "Viu com maus olhos nossa proposta e não vai aumentar nosso salário".
ver la paja en el ojo ajeno (y no ver la viga en el suyo propio) v. [alguien] Ver los defectos de los demás, sin tener en cuanta los propios: "Tú eres muy crítico y siempre ves la paja en el ojo ajeno. ¿Por qué no te criticas a ti mismo?". *Ver o argueiro no olho do próximo/outro (e não ver a trave nos seus)* (UF) [alguém]: "Você é muito crítico e sempre vê o argueiro no olho do próximo. Por que você não critica a si mesmo?".

verle las orejas al lobo v. [alguien] Darse cuenta de la inminencia de un peligro: "Cuando tuvo el accidente le vio las orejas al lobo y ahora es muy prudente con la moto". *Ver o perigo de perto / ver a coisa preta* (UF) [alguém]: "Quando sofreu o acidente viu o perigo de perto e agora é muito prudente com a moto".

verse las caras v. A [alguien] Verse, encontrarse: "No entiendo cómo es posible que, siendo vecinos de la misma casa, no nos hayamos visto las caras hasta hoy". *Topar* [alguém]: "Não entendo como é possível que, sendo moradores do mesmo edifício, não tenhamos topado até hoje".

B [alguien] Encontrarse para manifestar enojo o reñir: "Ya nos veremos las caras cuando te encuentre" *Acertar/ajustar as contas* (UF) [alguém]: "Acertaremos as contas quando eu lhe encontrar".

volver las espaldas véase **dar las espaldas**.

3. BIBLIOGRAFÍA

Alvar Ezquerra, M. (dir) (1995), *Diccionario para la enseñanza de la lengua española*, Barcelona, Biblograf.

Beltrán, Mª J. y Yáñez Tortosa, E. (1996), *Modismos en su salsa. Modismos, locuciones y expresiones fijas en sus contextos*, Madrid, Arco/Libros.

Buarque de Holanda Ferreira, A. (1986), *Novo dicionário Aurélio da língua portuguesa*, Rio de Janeiro, Nova Fronteira.

Buitrago Jiménez, A. (1995), *Diccionario Espasa. Dichos y frases hechas*, Madrid, Espasa-Calpe.

Carneiro da Silva, E. (1975), *Dicionário de locuçoes da língua portuguesa*, Rio de Janeiro, Bloch.

Corpas Pastor, G. (1996), *Manual de fraseología española*, Madrid, Gredos.

Domínguez González, P., Morera Pérez, M. y Ortega Ojeda, G. (1988), *El español idiomático. Frases y modismos del español,* Barcelona, Ariel.

Fasla, D. (1996), "El nivel superior en la enseñanza del español como lengua extranjera: la expresión idiomática", en T.-G. Sibón y M. Padilla (eds.), *Actas del I Simposium sobre Metodología y Didáctica del Español como Lengua Extranjera, Sevilla, 9-12 de noviembre de 1994,* Sevilla, Asociación Universitaria AULA2, pp. 157-167.

Fontanillo Merino, E. (dir.) (1993), *Larousse. Diccionario práctico de locuciones*, Barcelona, Larousse Planeta.

Gairns, R. y Redman, S. (1989), *Working with words. A guide to teaching and lear-

ning vocabulary, Great Britain, Cambridge Handbooks for language teachers.

González Hermoso, A. (1996), *Conjugar es fácil en español*, Madrid, Edelsa.

Higueras, M. (1997), "La importancia del componente idiomático en la enseñanza del léxico a extranjeros", *Frecuencia L*, 6, pp. 15-19.

Martínez Marín, J. (1996), *Estudios de fraseología española*, Málaga, Ágora.

Mellado Blanco, C. (1996), *Los somatismos del alemán: semántica y estructura*, Tesis docotoral microfichada, Facultad de Filosofía y Letras, Universidad de Salamanca.

Nascentes, A. (1986), *Tesouro da fraseologia brasileira*. Rio de Janeiro, Nova Fronteira.

Nogueira Santos, A. (1990), *Novos dicionários de expressôes idomáticas (português)*, Lisboa, Joao Sá da Costa.

Olímpio de Oliveira Silva, Mª E. (1998), *Somatismos: propuesta de aplicación didáctica*, Memoria de investigación para el *Máster en Enseñanza de Español como Lengua Extranjera*, no publicada, Universidad de Alcalá.

Ortweiler Tagnin, S. (1989), *Expressões idiomáticas e convencionais*, Série Princípios, São Paulo, Ática.

Penadés Martínez, I. (en prensa), "Materiales para la didáctica de las unidades fraseológicas: estado de la cuestión", *Revista de Estudios de Adquisición de la Lengua Española*, 9.

Real Academia Española (1992, 21ª ed.), *Diccionario de la lengua española*, Madrid, Espasa-Calpe.

Ribeiro, J. (1909), *Frazes feitas. Estudo conjectural de locuçoes, ditados e provérbios*, Lisboa, A Editora.

Sevilla Muñoz, J. y González Rodríguez, A. (1994-1995), "La traducción y la didáctica de las expresiones idiomáticas (francés-español)", *Équivalences*, 24/2, 25/1-2, pp. 171-182.

Tristá Pérez, A. M. (1989), "La fraseología como disciplina lingüística", *Anuario L/L 20, Serie Estudios Lingüísticos*, 4, pp. 153-160.

Varela, F. y Kubarth, H. (1994), *Diccionario fraseológico del español moderno*, Madrid, Gredos.

Vigara Tauste, A. Mª (1996), "Fosilización y expresividad coloquial en la enseñanza del español como L2", en T.-G. Sibón y M. Padilla (eds.), *Actas del I Simposium sobre Metodología y Didáctica del Español como Lengua Extranjera, Sevilla, 9-12 de noviembre de 1994*, Sevilla, Asociación Universitaria AULA2, pp. 67-96.

ERRORES EN ALGUNAS CATEGORÍAS GRAMATICALES PRODUCIDOS POR LUSOHABLANTES BRASILEÑOS APRENDICES DE ESPAÑOL

VALÉRIA TOMAZINI
UNESP - S. J. Rio Preto

1. INTRODUCCIÓN

El análisis de errores, en su versión tradicional, consiste en la determinación de los errores en un corpus, representativo de la producción oral o escrita, y en la clasificación gramatical de los errores constatados, con el fin de analizar y establecer el nivel de competencia gramatical de los aprendices, teniendo como parámetro el punto de vista de la norma lingüística.

El corpus investigado en V. Tomazini (1997) se obtuvo de la producción escrita de alumnos brasileños que aprenden español como segunda lengua –o tercera, en algunos casos– en un contexto formal de aprendizaje en la enseñanza superior –Facultad de Traducción y Facultad de Licenciatura en Letras[1]–. Reunimos un total de setenta redacciones entre los cursos de Traducción y los de Letras, agrupadas según los cuatro niveles de Lengua Española en los que se divide esta asignatura en las citadas carreras, sin distinguir entre la producción de las dos licenciaturas[2]. Con la intención de obtener redacciones espontáneas, ofrecimos la posibilidad de libre elección del tema, además de proponer temas como *Recuerdos de un viaje, de unas vacaciones o de un fin de semana* o bien *Proyectos para el futuro*. Asimismo, se les explicó a los alumnos que el ejercicio no iba a tener efectos formales de evaluación.

En lo que concierne a criterios para la identificación y clasificación de los errores, se interpretaron como incorrectos o inaceptables los contextos que no se ceñían a la norma descrita en el *Esbozo de una gramática de la lengua española* de la Real Academia Española; también señalamos algunos usos que, aunque

---

[1] Universidad Pública de São José do Rio Preto, provincia de São Paulo (UNESP).
[2] Tal distinción no nos pareció pertinente porque el programa de Lengua Española es prácticamente el mismo en ambas licenciaturas; eso es así porque los alumnos, sin apenas excepciones, llegan a la Universidad sin ningún conocimiento de lengua española. Ésta es una situación que está empezando a cambiar, gracias a la creación de los primeros Centros de Estudios de Lenguas Extranjeras vinculados a los colegios públicos, en los que la enseñanza del español goza de cierta prioridad debido a la incorporación de Brasil al Mercosur (Mercado Común del Cono Sur Americano), puesto que éste es el único país de habla no hispana.

no puedan ser considerados agramaticales, van en contra de la tendencia general de uso de la lengua española y dan como resultado un tipo de producción artificial que se aleja, en cierto sentido, de la lengua meta objeto de aprendizaje.

Una vez identificados los errores, se pasó a su clasificación, según la siguiente tipología: a) adición: operación que consiste en añadir palabras o morfemas en contextos que no los requieren; b) omisión: estriba en la supresión de palabras o morfemas necesarios para que el enunciado pueda considerarse gramaticalmente correcto, y c) elección errónea: se caracteriza por el empleo de determinados morfemas o palabras en lugar de los exigidos por el contexto.

Por último, en aquella memoria de investigación se intentó determinar el origen de los errores, que suele ser de dos tipos: intralingüístico, cuando el error está relacionado con la estructura de la lengua extranjera, o bien interlingüístico, o sea, relacionado con la interferencia de la lengua materna de los aprendices.

En este capítulo, por razones de espacio, nos ocupamos sólo de los errores relativos a las categorías gramaticales del artículo, del posesivo y del pronombre personal, además de comentar algunos errores referidos a construcciones pronominales y a la colocación de los pronombres.

2. Artículo

En líneas generales, podemos decir que los usos de esta categoría gramatical coinciden en español y en portugués. Las descripciones gramaticales en ambas lenguas se acercan bastante[3], aparte de algunas excepciones en el uso y del problema creado por la no existencia de la forma neutra del artículo en portugués; los errores radican básicamente en confusiones formales, debido a la analogía que el aprendiz establece con los significantes de su L1.

2.1. Adición

Respecto a los errores con el artículo definido, los contextos en los que con más frecuencia observamos el fenómeno de la adición en esa categoría tienen que ver con su uso ante nombres geográficos, sobre todo con nombres de países o ciudades:

*los días en que pasé en **el** Rio de Janeiro... (I)*[4]
*mis proyectos futuros: recorrer **el** Chile, **el** Peru, **la** Grecia, **el** Egipto (III)*
*quiero viajar por toda **la** Europa (III)*

---

[3] Véase, por ejemplo, C. Cunha (1972) y R. A. E. (1973).
[4] Los números colocados entre paréntesis después de los ejemplos se refieren al nivel del alumno que ha redactado la composición que incluye ese ejemplo.

Aunque en algunos de estos ejemplos el uso del artículo no constituye una incorrección gramatical[5], los hemos registrado también para hacer notar, en una percepción de conjunto, la tendencia que el aprendiz brasileño muestra por marcar estos sustantivos, determinada por la interferencia de su L1.

También nos encontramos con el uso adicional del artículo ante adjetivo posesivo:

> *viajamos hasta el litoral norte **del** nuestro Estado (II)*
> *todo pertenece **al** mi destino (III)*

Una vez más, nos encontramos con errores debidos a la interferencia de la L1, toda vez que este empleo forma parte de la norma y uso de la lengua portuguesa.

Todavía dentro de los errores por adición del artículo, registramos contextos como:

> *Puedo dar algunas clases particulares de **la** lengua portuguesa en mi casa (II)*
> *Tengo duda cuanto perfeccionarme en **la** Lengua Portuguesa o en **la** Literatura (III)*

Ambos se explican por la interferencia de la L1, puesto que en estos casos el portugués admite la construcción con o sin artículo, aunque la primera es más frecuente en la lengua hablada.

También observamos la adición del artículo en el enunciado:

> *Por la tarde y **la** noche hacemos diferentes programas* (en portugués: *À tarde e à noite fazemos diferentes programas*)

En español, la coordinación de las construcciones por la tarde y por la noche, que expresan localización temporal centrada en diferentes partes del día, puede hacerse con la repetición íntegra de los elementos que se coordinan, o bien con la omisión de la preposición y el artículo, que quedan sobreentendidos, en la segunda parte del enunciado. Las posibilidades que no son admitidas por la lengua son: * *Por la tarde y por noche* y * *Por la tarde y la noche*, es decir, la omisión de un solo elemento en la segunda construcción. El que el estudiante brasileño incurra en este error, omitiendo la preposición en *por la noche*, en principio no tiene relación con la lengua materna, puesto que en portugués la coordinación se hace sin prescindir de ningún elemento. No obstante, la interferencia puede venir de las diferencias formales, toda vez que la preposición utilizada en la L1 es *a*, que, al ir acompañada del artículo femenino *a*, se contrae con éste en la forma *à*: *À tarde e à noite*, la cual puede haber sido traducida al español por el

---

[5] Como es el caso de la presencia del artículo definido ante el sustantivo *Perú*.

aprendiz tal como se percibe en su L1 oral, es decir, como un simple artículo femenino. De este modo, si, en la primera parte de la coordinación en español, la utilización correcta de la preposición y del artículo muestra la incorporación de una construcción distinta de la existente en la L1 del alumno, la segunda parte indica que la interferencia de la lengua materna puede estar presente.

Por último, son escasos los errores relativos a los artículos indefinidos[6], lo que pone en evidencia que se trata de una categoría gramatical en la que apenas se encuentran divergencias entre una y otra lengua, se da, pues, en este caso la llamada transferencia positiva.

Los contextos en los que se constata el fenómeno de la adición del artículo indefinido son del tipo:

> *quiero ser traductora, más específicamente,* **una** *intérprete (I)*
> *lo que yo quería era intentar la carrera diplomática y no ser* **una** *profesora de lenguas (I)*
> *pretendo ser* **una** *psicóloga; estudiar psicologia (II)*

Los usos del artículo en esos contextos resultan erróneos en ambas lenguas. En las construcciones *una intérprete, una profesora de lenguas* y *una psicóloga*, los alumnos que incurren en esa clase de error desconocen, posiblemente, la diferencia que existe entre la estructura sin artículo, como *pretendo ser psicóloga*, en la que se clasifica al sujeto en una clase, y la estructura con el artículo: *pretendo ser una psicóloga brillante*, en la que se dice del sujeto que es un elemento de una clase, restringido, además, por la especificación *brillante*.

2.2. Omisión

Entre los errores caracterizados por la omisión del artículo en contextos que lo exigen en español, nos encontramos con casos de interferencia de la L1 como, por ejemplo:

> *jugar a ( ) pelota (I)*

En construcciones con el verbo *jugar*, utilizado con el significado de "tomar parte en algún tipo de juego o deporte", los sustantivos complemento del verbo no van determinados por el artículo en el portugués usual de Brasil.

---

[6] Aunque no ignoramos la aportación de A. Alonso (1961), según la cual, las unidades de esta clase son vistas como adjetivos indefinidos, hemos optado por incluir los errores y comentarios relacionados con estas unidades gramaticales en la categoría del artículo por ser ésta la clasificación que presentan las gramáticas portuguesas consultadas, que no discuten el lugar que las formas del artículo indefinido deben ocupar en la clasificación gramatical.

Por otra parte, observamos la omisión del artículo ante los nombres de los días de la semana y ante fechas, como en enunciados del tipo:

De ( ) 20 a ( ) 27 de septiembre yo me fui con mis amigas... (II)
De ( ) jueves hasta ( ) martes de la próxima semana (IV)

No es posible hablar de interferencia si nos atenemos solamente a la norma del portugués, puesto que ella exige el uso del artículo ante los sustantivos referidos. Sin embargo, en el registro oral, la omisión del artículo es admisible y usual, lo que nos sirve de referencia para la explicación de errores de ese tipo.

Encontramos casos en los que el uso del artículo coincide en ambas lenguas pero, extrañamente, se omite:

Es un viaje a ( ) playa (I)
por eso llego a ( ) conclusión (III)

En estos errores puede haber interferencia de la forma contracta *à* (preposición *a* + artículo *a*), que se utilizaría en portugués en el mismo contexto.

Observamos otros casos de omisión del artículo que pueden vincularse, asimismo, a otra forma contracta portuguesa: *no* (preposición *em* + artículo masculino *o*):

No pienso mucho en ( ) futuro (I)
ciudad que se encuentra en ( ) estado del Rio de Janeiro (III)

La interferencia en este caso tiene que ver con la asociación que parece existir en la mente de los aprendices, para los que una sola forma puede contener dos elementos gramaticales.

Todavía dentro del apartado de omisión del artículo, constatamos con cierta frecuencia la omisión de esa unidad cuando precede al *que* relativo, si bien en español es preferible que aparezca. Es lo que se observa, por ejemplo, en:

prefiero recordarme solamente de los tiempos de las vacaciones, en ( ) que fui muy feliz (I)
La suma de todo eso seria la miseria no solo económica, como también cultural en ( ) que se encuentra nuestro pueblo (IV)

Son casos en los que se da interferencia de la L1, puesto que, en portugués, la utilización del artículo en estas construcciones se vería como redundante.

Además de este tipo de construcción con el *que* relativo, hemos registrado la omisión del artículo en contextos como:

> *el lugar ( ) que yo voy tiene un rio (I)*
> *hay otro plano de realización ( ) que ya casi me he olvidado (IV),*

en los que la omisión del artículo que sigue a una preposición –que también se omite– parece darse por generalización de los usos de la L1 que acabamos de comentar, es decir, errores por interferencia del portugués coloquial, toda vez que la norma portuguesa exige ambos elementos en la construcción con el *que* relativo.

2.3. Elección errónea

En cuanto a los errores clasificados como errores por elección errónea del artículo en la interlengua de los estudiantes brasileños, parece ser que el problema básico radica en una confusión formal entre las unidades de la categoría del artículo en ambas lenguas. Así, en relación con las formas del artículo definido en español: *el, la, los* y *las,* formas que significan respectivamente el masculino, el femenino y sus correspondientes formas en plural, sin olvidarnos de la forma neutra *lo,* tenemos en portugués en el mismo orden: *o, a, os* y *as,* sin correspondencia para la forma neutra. De ese modo, encontramos enunciados con el artículo neutro *lo* en lugar del masculino *el*:

> *la tarde y **lo** final del día (I)*
> *el futuro es dependiente de **lo** presente (II)*
> *llego a conclusión que **lo** futuro personal es por más veces dependiente de **lo** profesional (III)*

El hecho de que el portugués no disponga de una forma neutra explica la confusión entre las formas *el* y *lo* en favor de la segunda más frecuentemente, quizá por la similitud con la forma masculina singular de la L1, *o*.

De la misma manera, también aparece en el corpus el artículo masculino *el* en lugar del neutro *lo*:

> *Para mí esto es **el** principal en la vida (I)*
> *me quedé allá sólo un mes, pero fue **el** suficiente para que pudiera aprender muchas cosas (II)*

Son errores que se explican del mismo modo que los presentados anteriormente, con la diferencia de que, en este caso, los aprendices utilizan el artículo masculino por el neutro, confusión debida, tal vez, a un proceso de simplificación del sistema de la L2, al identificar la única forma existente en su L1, *o*, con la forma del artículo *el* en español, por olvido o por no haber incorporado a su competencia lingüística la forma y los usos del neutro *lo* en esta lengua.

También en relación con la elección errónea del artículo, encontramos el artículo masculino portugués, *o*, en contextos que exigen en español el artículo neutro:

*para practicar **o** que he aprendido (I)*
*lo importante es que la gente haga **o** que les gusta (I)*

La utilización de la forma portuguesa podría considerarse como un caso de descuido, pero llama la atención que aparezca en contextos que exigen el artículo neutro y que estos estudiantes hayan producido correctamente otros enunciados con la forma masculina del artículo definido. Se puede pensar, pues, que los alumnos no han incorporado todavía a su competencia la forma y los usos del artículo neutro, como hemos señalado también en el caso anterior.

Aparte de los errores mencionados respecto al neutro *lo*, encontramos muchos enunciados en los que creemos que un nativo normalmente usaría el *lo* en lugar de otras estructuras utilizadas por los estudiantes y que cumplen una función semejante al neutro. En este sentido, registramos contextos en los que *lo* es reemplazado por el sustantivo genérico *cosa(s)*, con o sin artículo, de modo que su sustitución por la forma neutra del artículo no implica cambios en la estructura del enunciado, excepto en la concordancia:

*Mis proyectos incluen **las cosas** buenas de la vida (I)*
*que es la vida sino una batalla constante para alcanzar **las cosas** que nos traen felicidad (II)*
*Acostarnos era **la cosa** que no hacíamos (IV)*

Todavía dentro de los errores por elección equivocada, veamos algunos de los producidos por la incorrecta concordancia de género entre el artículo y el sustantivo:

*Pasamos juntos todas las vacaciones en **el** casa de campo (I)*
*Pasamos sobre **la** puente del río Tieté (II)*
*Fue un viaje muy buena de **la** cual guardo muchos recuerdos (III)*

Tanto en ésos como en los demás casos registrados, el origen del error está en el distinto género gramatical que, en portugués, presentan los sustantivos a los que el artículo va vinculado en los contextos indicados; es decir, el error se debe a la interferencia de la L1, puesto que en portugués todos los sustantivos a los que determinan los artículos que aparecen en negrita tienen el género indicado por el artículo utilizado por los estudiantes; así, al no coincidir aquél con el género de la palabra española, los alumnos incurren en este error. Los ejemplos analizados ponen de relieve que los errores en la concordancia de género aparecen en los cuatro niveles considerados, lo que nos lleva a afirmar que son errores con tendencia a fosilizarse.

Un caso especial de elección errónea del artículo se da, por ejemplo, con el sustantivo *área*. Se trata de la elección del artículo femenino *la* por el masculino *el* para determinar al sustantivo *área*:

> *Quiero también trabajar con traducciones de* **la** *area médica. (I)*
> *Varios traductores y personalidades de* **la** *area participaron del encuentro (III)*
> *pretendo ingresar en un curso de posgrado en* **la** *area de formación de profesores (IV)*

El sustantivo *área* es de género femenino en las lenguas consideradas; sin embargo, según la norma española, los sustantivos que empiezan por *a* tónica se construyen con el artículo *el* y no con *la*, como es el caso de *el área / * la área*. Los errores indican que los alumnos desconocen esa regla, o bien que, aunque la han estudiado, no la han incorporado a su competencia, teniendo en cuenta que su incorporación puede verse obstaculizada además por la interferencia de la L1, puesto que en portugués el sustantivo *área* es también femenino y su determinación obedece a la misma regla que rige los demás sustantivos de género femenino, es decir, por medio de las formas femeninas del artículo.

Finalmente, existen errores debidos a la elección incorrecta de las formas del llamado artículo indeterminado:

> *quiero hacer* **una** *viaje de vacaciones para un lugar desconocido (I)*
> *tengo el proyecto de hacer* **una** *viaje en las vacaciones (III)*
> *Me gustaría hacer* **un** *tesis de pós-grado en la Universidad (IV)*

Los errores en la concordancia de género se dan, por lo general –tal como se ha constatado en la parte dedicada al artículo definido–, como resultado de la interferencia de la L1, al tener ésta sustantivos con género gramatical distinto. Sin embargo, los ejemplos registrados en el corpus de nuestra memoria no son representativos de la tendencia que acabamos de señalar –aunque tampoco invalidan nuestros comentarios–, puesto que los dos primeros ejemplos, que tienen su explicación en la interferencia de la L1, se refieren al mismo sustantivo, *viaje*, de género masculino en español y femenino en portugués; por otra parte, en el último ejemplo, en el que aparece el sustantivo *tesis*, femenino en ambas lenguas, el estudiante le asigna a este sustantivo género masculino, tal vez por un proceso de generalización de las reglas en la L2, según el cual, los sustantivos que no presenten en su terminación las vocales *-o* o *-a*, con las que se marca claramente el género, son considerados de género masculino.

Además, registramos un error de tipo formal y en un nivel inicial:

*Y habló a **uno** amigo que estaba enemorado de mí (I),*

que parece deberse a la confusión entre el artículo *un* y el pronombre indefinido *uno*. Se trata de una confusión propiciada por la interferencia de la L1, puesto que el portugués utiliza la misma forma -*um*- en ambos casos.

3. POSESIVO

Como apunta la gramática de la Real Academia Española[7], los posesivos se emplean en español mucho menos que en otras lenguas extranjeras. Aunque la observación se refiera solamente al francés, al inglés y al alemán, en el rastreo de errores del corpus en el que se apoya este capítulo, nos ha llamado bastante la atención la presencia constante en gran número de textos de las formas de los adjetivos posesivos. El uso redundante de los posesivos genera incorrecciones que pueden considerarse de estilo, puesto que no se trata de incurrir en un error gramatical propiamente dicho, sino de ir en contra de una tendencia de uso de la lengua española, según la cual el uso reiterativo del posesivo da lugar a construcciones que se sienten como innecesariamente redundantes.

Aunque las descripciones gramaticales relativas al uso de los posesivos, en español y en portugués, coincidan básicamente[8], el uso redundante de los mismos, presente en la producción escrita en español de estudiantes brasileños, tiene su origen en la interferencia de la L1, sobre todo de la lengua portuguesa coloquial[9].

A continuación, incluimos una muestra de los contextos en los que observamos un uso redundante del adjetivo posesivo en situaciones en las que un hablante nativo optaría por el uso del artículo en lugar del posesivo –e incluso prescindiría de ambas unidades–, o bien estructuraría la idea que quiere expresar de otra manera.

---

[7] R. A. E. (1973: 428).
[8] P. Vázquez Cuesta y M. A. Mendes da Luz (1987: 173) hacen notar que "aún más que la española, la lengua portuguesa prescinde del posesivo siempre que la idea de posesión se sobreentiende de alguna manera o puede ser expresada por cualquier otro medio lingüístico, como el artículo o un pronombre personal complemento indirecto". Nos parece que esta descripción sólo se puede aplicar al uso de la variante europea del portugués, pues ese uso diverge bastante del que muestran estas unidades en la lengua hablada en Brasil.
[9] No hemos encontrado, en las gramáticas portuguesas consultadas, explicaciones, relativas a los usos coloquiales de los posesivos, que nos sirvan para establecer un contraste entre la L1 y la L2, por lo que nuestros comentarios se limitan a las aportaciones que podemos ofrecer como hablante del portugués hablado en Brasil.

Nos encontramos con algunos enunciados en los que parece haber adición del adjetivo posesivo:

*Por la tarde mis amigos vinieron a **mi** casa (I)*
*había muchas actividades buenas que podíamos hacer, incluso, hablar con la gente de todo el mundo y practicar **nuestro** inglés (II)*

En otros enunciados el adjetivo posesivo parece sentirse como redundante y su sustitución por un artículo parece preferible, en la producción nativa en lengua española. En la mayor parte de esos enunciados observamos la presencia, en el mismo contexto, de algún elemento que contribuye a aclarar suficientemente la referencia del sustantivo determinado por el posesivo; se trata de la presencia de pronombres personales y, más frecuentemente, de otro adjetivo posesivo, lo que hace innecesaria su repetición:

***Mi** amigo que me acompaña se llama José (I)*
*Yo tengo muy [muchos] proyectos para **mi** futuro (I)*
*todavía no decidí exatamente cual [será] mi especialidad...Al cabo de **mi** curso creo que tendré resolvido, y así siguiré **mis** estudios (III)*[10]

También registramos contextos en los que el adjetivo posesivo, utilizado para expresar la idea de posesión, suele ser sustituido por o, al menos, alterna con otra forma de estructuración del enunciado. En este sentido, en algunos casos parece preferirse, en español, el uso de la forma pronominal en lugar del adjetivo posesivo[11]:

*Volvía a **mi** casa muy tarde y mi abuela decía... (I) / (Me volvía a casa muy tarde...)*
*han quedado para siempre en **mi** memoria los días en que pasé en el Rio de Janeiro (I) / (Me han quedado para siempre en la memoria los días...)*

Otras veces, la idea de la posesión, expresada en la interlengua de los estudiantes brasileños por medio del adjetivo posesivo, se actualiza, en español, preferentemente con la sustitución del posesivo por un artículo, lo que implica en estos casos un cambio en la estructura del enunciado:

***Mi** vida es muy agitada [ajetreada] y mi marido viaja mucho (I) / La vida que*

---

[10] Existen en el corpus otras once muestras más, semejantes a ésas.
[11] Según S. Gili Gaya (1961: 240), "Cuando se quiere expresar la participación en la acción y aun la idea misma de la posesión, la lengua española prefiere emplear el dativo ético de los pronombres personales y reflexivos".

llevo es muy ajetreada - Llevo una vida muy ajetreada
*Estoy con mucha añoranza de **mi** antigua vida (I) / Añoro la vida que llevaba antes*
*En **mi** ultima viaje yo fue a la playa (I) / El último viaje que hice fue a la playa - En el último viaje que hice me fui a la playa*
*Eses son **mis** proyectos para el futuro (III) / Esos son los proyectos que tengo para el futuro*
***mi** preocupación ahora es no quedarme parada (IV) / Lo que me preocupa ahora es no quedarme parada*

Nos parece que los hablantes nativos de lengua española, a la hora de expresar esos mismos enunciados, tenderían a prescindir del adjetivo posesivo en favor de las construcciones que aparecen en segundo lugar.

Los ejemplos que ilustran los puntos que nos han parecido interesantes para comentar constituyen una pequeña parte de los casos en los que el adjetivo posesivo es utilizado de manera redundante en el corpus. Este hecho indica que no se trata de usos individuales, sino de una fuerte tendencia que apunta hacia la fosilización de esos usos en la expresión en lengua española por parte de hablantes brasileños.

El problema en relación con la expresión de la posesión en los textos está, pues, en la repetición constante de los adjetivos posesivos, sin que el aprendiz utilice, en su producción lingüística en la L2, otras posibilidades que ofrece la lengua española para expresar la idea de posesión en alternancia con el uso de los adjetivos posesivos.

4. Pronombre personal

Una mirada contrastiva a las prescripciones normativas relativas a los pronombres personales, en español y en portugués, nos puede hacer creer que no representan una categoría gramatical problemática para los estudiantes brasileños de español. Sin embargo, la compleja realidad lingüística del portugués de Brasil nos lleva a adoptar una perspectiva distinta. Las investigaciones sobre el uso de los pronombres en el portugués actual de Brasil, sobre todo hablado, revelan una alta frecuencia del pronombre sujeto en el discurso, mientras que las formas del pronombre complemento son representadas cada vez más por una categoría vacía[12]. En este sentido, las tendencias de uso, en la variante brasileña del portugués, divergen totalmente de la norma prescriptiva y del uso que los pronombres personales presentan en la variante portuguesa europea, puesto que en ésta se favorece la conservación de las formas del pronombre complemento en

---

[12] Véase D. P. Oliveira (1989).

detrimento de las formas del pronombre sujeto, rasgos que coinciden, en general, con el uso y la norma de la lengua española, en relación con el comportamiento de estas unidades.

Más adelante, al analizar los usos y errores, relativos a los pronombres personales, en la interlengua presente en los textos que constituyen nuestro corpus, comprobaremos cómo la distinción que acabamos de mencionar repercute en la producción en lengua española de estudiantes cuya lengua materna es el portugués.

Antes de abordar los problemas concretos registrados en el corpus, nos parece importante anticipar que algunos de ellos –se especificarán los casos en el momento oportuno– no pueden recibir la denominación plena de error, como falta gramatical propiamente dicha, puesto que determinados usos de la producción en español de estudiantes brasileños se sitúan en la frontera entre la gramática y la estilística.

4.1. Adición

Este tipo de error se relaciona con el pronombre personal sujeto. Según la norma y el uso del español, las formas del pronombre sujeto generalmente se omiten en el discurso, puesto que las desinencias verbales suelen ser suficientes para indicar la persona gramatical a la que estos pronombres hacen referencia, con excepción de aquellos casos en los que la presencia del pronombre sujeto cumple una función enfática, o bien de los casos en que hay ambigüedad de personas. Estas observaciones coinciden, en general, con las que encontramos en las gramáticas portuguesas[13]. Sin embargo, la variante brasileña presenta discrepancias con respecto a la norma y, a juzgar por las muestras registradas en el corpus que expondremos a continuación, la presencia redundante del pronombre personal sujeto en los textos analizados se debe a la interferencia de la L1.

Aunque no hemos llevado a cabo la cuantificación de los datos para determinar la frecuencia del pronombre sujeto con carácter redundante en el corpus, frente a la omisión normativa del mismo, la lectura de los textos deja entrever que se trata de un uso que llama bastante la atención. Veamos algunos ejemplos:

> **Yo** vivía en una ciudad llamada Assis. (...) **Yo** fui hasta la casa de mi abuela... (I)
> cuándo llegava la hora de cenar, **nosotros** íbamos a la otra casa (II)
> son muchas las invitaciones a que **yo** vuelva a dar clases...pero **yo** no quiero más hacer esto (III)
> **yo** conoci un chico muy bello..., **nosotros** bailamos toda la noche (III),

---

[13] Con el fin de comprobar la coincidencia a la que nos referimos, consúltese, por ejemplo, el *Esbozo* de la R. A. E. (1973), en lo que atañe al español, y P. Vázquez Cuesta y M. A. Mendes da Luz (1987), en lo relativo al portugués.

más otras 64 muestras[14], sin tener en cuenta aquéllas en las que el uso parece estar avalado por la norma:

Yo, mi hermana y mi abuela fuimos a New York (III),

donde la presencia del pronombre sujeto se explica por la necesidad de distinguir entre los distintos sujetos, o bien:

Yo *nunca había viajado de avión (II),*

ejemplo en el que el pronombre sujeto puede cumplir una función enfática. Señalamos esta posibilidad estilística porque en ella se sitúa la dificultad para distinguir los usos enfáticos, y por tanto permitidos en español, de los usos redundantes, que transmiten afectación y pesadez al texto, lo que hace que los hablantes nativos los rechacen. Son también esas razones las que nos llevan a considerar gran parte de los usos del pronombre sujeto existentes en el corpus como incorrecciones en mayor o menor medida.

Hemos registrado la presencia redundante del pronombre sujeto en la interlengua de estudiantes brasileños de español, con aparente uniformidad, en los cuatro niveles de enseñanza, lo que nos lleva a decir que no se trata solamente de una estrategia de aprendizaje en etapas iniciales, sino de un error típico con tendencia a la fosilización.

Por otro lado, dado el desuso en el que parece que van cayendo las construcciones con pronombre seudorreflejo[15], en el portugués hablado en Brasil, y dado el escaso número de contextos que presentan estas formas en nuestro corpus, por interferencia de la L1, nos ha llamado la atención la presencia del pronombre sujeto, en la interlengua de los alumnos brasileños, en contextos en los que un hablante español optaría, en el caso de usar alguna forma pronominal, por el seudorreflejo[16]:

En mi ultima viaje **yo** *fue a la playa (I)*
Nosotros *fuimos deprisa hasta el cuarto de baño para saber la razón (II)*

---

[14] La práctica totalidad de los contextos en los que el uso del pronombre sujeto es redundante se refiere a la 1ª persona, singular generalmente. Eso parece ocurrir por el tipo de actividad propuesta para la producción del corpus, que impulsó a los estudiantes a hablar de sus propias experiencias.

[15] Utilizamos la denominación *seudorreflejo* en el sentido que le da la gramática de la R. A. E. (1973: 380).

[16] Además de error por adición, se podría considerar, asimismo, error por elección incorrecta de la forma del pronombre sujeto en vez de la forma pronominal seudorrefleja.

Encontramos, incluso, con el verbo *divertir*, el pronombre sujeto y el morfema *nos* omitido:

Nosotros divertimos mucho *(I)*

Este uso llama la atención por la existencia de la forma pronominal del verbo *divertir* en ambas lenguas, aunque en portugués coloquial es usual su realización como forma no pronominal, en contextos que, en español, exigirían el uso pronominal.

4.2. Omisión

En cuanto a los errores por omisión del pronombre, hemos constatado que afectan a los pronombres complemento. Así, hemos registrado un caso de omisión del pronombre en función de complemento directo:

Imagínate la comida que salió! Los chicos rieron de ella, pero como estábamos todos con mucha hambre, ( ) comimos todo (IV)

La omisión de *lo* como forma pronominal que anticipa el complemento explícito en el contexto ocurre por interferencia con la misma estructura en la L1, puesto que, aunque el portugués disponga de esta posibilidad en la lengua, la omisión del pronombre, en este caso, es sistemática.

En lo relativo a los errores de omisión del pronombre en función de complemento indirecto, tenemos registrados varios casos de omisión del pronombre obligatorio:

un viaje como este es para recordarlo siempre que piense en un viaje que ( ) ha gustado mucho (III)

La omisión del complemento *me*, exigido por la construcción sintáctica, puede deberse a la interferencia de la L1, puesto que el verbo *gustar* en portugués sólo admite la construcción con las formas del pronombre sujeto y éste podría omitirse por sobreentenderse, como en *Gosto de conversar com as pessoas*. Por otro lado, el error puede estar vinculado a la estructura de la lengua meta, en la que *gustar* tiene dos posibilidades de construcción: *Me gusta conversar con la gente* y *Gusto de conversar con la gente*[17], hecho que puede generar confusión a la hora de incorporar sus usos.

---

[17] Ejemplo sacado de M. Moliner (1997: 1445); aunque nos parece bastante inusual ese uso de *gustar*, no hemos encontrado alusión a su frecuencia de uso en éste ni en otros diccionarios consultados.

Por otra parte, en:

> *mi abuela ( ) [me] decía que nosotros estábamos enamorados (I)*
> *Él ( ) [le] dijo que era una persona muy contente (II)*
> *Los niños lloraban y sus padres ( ) [les] decían que fueran con nosotros (IV),*

las omisiones del pronombre, observadas en estos contextos, se explican por la interferencia de los usos coloquiales en la L1, puesto que el portugués brasileño tiende a omitir sistemáticamente las formas del pronombre complemento. Las dos muestras siguientes siguen la misma pauta, aunque, en estos casos, el uso de otra forma átona, en el mismo contexto, puede haber contribuido a la omisión de la segunda:

> *los sentimientos me vuelven rapidamente, causando( ) una sensación agradable (I)*
> *la niña, escuchando el abuelo, le dijo que fuera muy bueno que él ( ) hubiera contado sus dificultades (II)*

Los demás errores registrados en este apartado tienen que ver con contextos en los que el complemento indirecto está expresado por una forma tónica con omisión de la forma átona, de uso obligatorio en español en estos casos[18]:

> *A mí ( ) gusta ir al campo (I)*
> *a mí este contacto con el campo ( ) hace milagros (III)*

También en estos contextos la explicación está en la interferencia de la lengua materna, toda vez que en portugués el uso de una forma tónica no implica necesariamente el uso de la forma átona que le corresponde y su omisión es corriente en el portugués coloquial.

Otros casos de omisión del pronombre se refieren a contextos en que aparece, además, un complemento indirecto no pronominal. La omisión de las formas átonas de tercera persona (*le, les*), en los casos que ahora nos ocupan, no puede considerarse agramatical, puesto que se trata de la omisión de un elemento deíctico que sirve para anunciar o reproducir un complemento expreso en el mismo enunciado. Es un uso redundante que, según la norma prescriptiva española, se ha propagado por analogía con construcciones que, para su claridad de sentido, lo requieren[19]. Por otro lado, la extensión del uso de dichas formas átonas es, según el gramático S. Gili Gaya, mucho más frecuente en la actualidad que hace

---

[18] Véase F. Matte Bon (1992: 259).
[19] Véase R. A. E. (1973: 423).

medio siglo, tanto en América como en España[20]. Lo que nos parece relevante, en las omisiones de *le / les* en la producción en español de los estudiantes brasileños, es el hecho de que esas omisiones van en contra de la tendencia, relativa a este uso, presente en la L2[21]:

la niña ( ) ha preguntado a su abuelo si él... (II)
Pero lo que más ( ) importa al turista brasileño es ir de compras. (III)
Espero que ellos me hagan abuela ... y quiero hacer( ) a mis nietos todo lo que mi madre ( ) ha hecho a ellos (III)

Son usos que tienen su explicación en la interferencia de la L1 porque, aunque el portugués disponga de la posibilidad de anunciar el complemento indirecto explícito por medio de una forma pronominal átona, tal construcción se encuentra en completo desuso en el portugués de Brasil.

4.3. Construcciones pronominales

Con este tipo de construcciones hemos registrado casos de omisión, por ejemplo, con la construcción pronominal reflexiva:

Primeramente vamos a bañar( ) (I)

En portugués se emplea la expresión *tomar banho*, no pronominal, para la forma *bañarse* española, lo que puede explicar la omisión del pronombre en este ejemplo.

Por otra parte, en español la presencia o ausencia del morfema pronominal establece una diferencia en el significado léxico del verbo; se trata de construcciones pronominales con cambio de significado. La correcta utilización de estas estructuras supone para el estudiante extranjero distinguir los verbos que poseen o admiten este uso y saber la diferencia de significado entre la forma no pronominal y la forma pronominal. En este sentido, hemos observado errores con los verbos *quedar – quedarse*. En español existen, entre otras, estas dos estructuras distintas con *quedar*: *Sevilla queda en Andalucía* y *Nos quedamos en la playa todo el día*. En el primer caso, el verbo *quedar*, sin el morfema pronominal, expresa localización espacial y en el otro, con el pronombre, expresa permanencia en un lugar determinado. Los errores registrados con esta forma verbal tienen

---

[20] S. Gili Gaya (1961: 232).
[21] Según F. Matte Bon (1992: 249): "En español, al contrario de lo que ocurre en muchos idiomas, hay una tendencia muy fuerte a usar siempre una forma átona de pronombre complemento indirecto aun cuando el complemento mismo esté explícito en la misma oración, y en principio podría parecer innecesario".

que ver con el uso del verbo sin atenerse a esta distinción de significado en función de la presencia o ausencia del morfema pronominal. De ese modo, encontramos errores por adición del morfema:

> *(la ciudad) se queda en Rio de Janeiro (II)*
> *Floripa se queda muy lejos de Rio Preto (III),*

y errores por omisión del morfema:

> *Llegamos a Fortaleza en 20 de septiembre y ( ) quedamos en la ciudad hasta... (II)*
> *Nos quedamos siete dias en Orlando y a mi me gustaria haber( ) quedado más (III)*

La explicación de los errores, tanto de adición como de omisión, está, al menos en parte, en la no distinción y consecuente confusión de los significados expresados por las formas *quedar / quedarse*. Por otro lado, la correspondencia de ambas acepciones en la lengua materna de los aprendices es *ficar*, verbo que sólo tiene realización no pronominal, por lo que la interferencia de la L1 puede estar en el origen de los errores por omisión del morfema en la interlengua de estos estudiantes; errores estos que doblan en número, por cierto, a los de adición, de tipo intralingüístico. Algo semejante ocurre con *levantar – levantarse*:

> *nos acostamos muy tarde y el domingo ( ) levantamos sólo para almozar (II)*

El verbo *levantarse,* en español, con el significado de "salir de la cama después de haber dormido en ella", es pronominal. El portugués, aunque disponga de esta forma con igual significado, generalmente usa la forma no pronominal en todos los casos, por lo que el error tiene su origen en la interferencia de la L1.

Una vez más, aunque no representen propiamente errores gramaticales, registramos algunas muestras en las que hay omisión del morfema enfático de determinados verbos. Dichas muestras nos parecen significativas de la tendencia que caracteriza la producción en español de los estudiantes brasileños en lo relativo a las construcciones pronominales, a saber, la omisión sistemática de los morfemas pronominales, como se puede observar en:

> *no me he despertado temprano para ir a la playa. Pero eso no fué problema ...cuando ( ) desperté vi que llovia (I)*
> *nos divertimos mucho, ( ) reímos mucho y no estudiamos nada (I)*
> *( ) Reímos mucho, pues estaba muy apretado... (IV)*
> *en octubre de este año, él ( ) morió (I)*

Se trata de contextos que, aunque puedan aparecer sin el morfema enfático, suelen presentarse preferentemente con él, por lo que dichas construcciones resultan algo anómalas. La explicación de esos usos está en la interferencia del portugués, que tiende a prescindir del morfema enfático en la mayor parte de los casos en los que en español se usaría.

También dentro de las llamadas construcciones pronominales, tenemos registrado un error de omisión del pronombre con una construcción pronominal intransitiva. Sabemos que en español existen estructuras transitivas del tipo: *El payaso divirtió a los niños*; con las formas pronominales esas estructuras aparecen como intransitivas, como en *Los niños se divirtieron*. Tal es el caso del ejemplo siguiente:

Nosotros ( ) divertimos mucho. (I),

en el que el alumno incurre en un error al omitir la forma pronominal. La omisión del pronombre se debe a la interferencia del uso coloquial de la L1, toda vez que el uso de la forma *divertirse* coincide en la norma de ambas lenguas.

4.4. Colocación de los pronombres

Para completar la descripción de los errores referidos a la categoría del pronombre, presentamos algunas muestras de errores que tienen que ver con el orden de los pronombres en el enunciado. Aunque las normas que rigen la colocación pronominal en español son sencillas y sin excepciones, encontramos bastantes errores en relación con este aspecto en los textos analizados.

Hemos documentado errores caracterizados por la enclisis del pronombre en lugar de proclisis:

*el chico **separóse** de su novia (I)*
*Fuímos a los Estados Unidenses de vacaciones y **quedamonos** un mes allá (III)*
*Las personas pulaban [saltaban] y por fin **reíanse** (IV)*

Curiosamente, en todos esos casos, la norma portuguesa permite el uso del pronombre antes o después del verbo y, aunque el uso lusitano se ha inclinado por la enclisis del pronombre, en Brasil su uso es preferentemente proclítico[22]; por tanto, la explicación de los errores relativos al uso del pronombre átono pospuesto al verbo en contextos en que en español es obligatoria la proclisis, puede estar relacionada, por un lado, con la confusión y no incorporación de las reglas de la L2 y, por otro, con la simplificación de estas mismas reglas.

---

[22] Véase P. Vázquez Cuesta y M. Mendes da Luz (1987: 170).

Por otra parte, sabemos que la posposición del pronombre respecto al verbo es la única posibilidad, en la norma y uso de la lengua española, para la colocación de las formas átonas con verbos en infinitivo y gerundio. Sin embargo, en el corpus analizado aparecen bastantes errores por invertir esa norma:

*sin embargo, no voy a **me casar** muy joven (I)*
*en la playa tomando el sol y **se divirtiendo** mucho (III)*

La proclisis con formas verbales en infinitivo y gerundio, observada en la interlengua de los estudiantes brasileños, se debe, en todos los casos, a la interferencia de la L1, puesto que en portugués, al contrario que en español, esa colocación antepuesta constituye un uso normativo.

Para completar el cuadro de los errores relacionados con la colocación del pronombre, nos centramos en las construcciones en las que interviene una forma verbal en infinitivo y un verbo en forma conjugada, es decir, las perífrasis. En esas construcciones el pronombre puede ir, en español, o bien antepuesto al verbo auxiliar o bien pospuesto al verbo principal, siendo ambas posibilidades usuales y normativas. La única posición no admitida para el pronombre en la lengua española es su colocación entre las dos formas verbales, uso que registramos en algunos textos analizados. Valgan como ejemplo:

*llegué a casa de mis amigos donde **iba me quedar** (I)*
*aún **quiero me dedicar** más unos años a la enseñanza (III)*

El origen de estos errores, nuevamente, hay que buscarlo en la interferencia directa de los usos de la L1.

5. A MODO DE CONCLUSIÓN

El análisis del corpus de datos examinado en V. Tomazini (1997), que recogía muestras de la producción escrita de estudiantes brasileños de español, puso de manifiesto que la presencia de errores, en las categorías gramaticales del artículo, del posesivo y del pronombre personal –las únicas que en este capítulo se han tratado–, se debía, en gran medida, a la interferencia de la lengua nativa de los estudiantes. En este sentido, nuestro estudio corrobora el planteamiento, según el cual, a mayor distancia interlingüística entre la L2 y la L1, más posibilidades de que se presenten interferencias en la producción en lengua extranjera. Así, en el aprendizaje de una lengua meta que se asemeje o sea hermana de la L1 de los aprendices –como es el caso del español y el portugués–, la lengua materna sirve de apoyo y facilita el aprendizaje de la lengua extranjera sobre todo en las primeras etapas, pero, por otra parte, se da un gran número de errores debidos a la interferencia de la L1, lo que puede llevar en los niveles avanzados a errores persistentes y difíciles de eliminar.

A continuación, y como conclusión del capítulo, presentamos los tipos de errores que con más insistencia se dan en las categorías examinadas, a la vez que señalamos su causa, con el fin de determinar el papel de la L1 en su producción.

En lo que a la categoría del artículo se refiere, tenemos:

1º Adición del artículo definido ante nombres geográficos, como en el ejemplo: *Quiero viajar por toda **la** Europa* (III). Este tipo de error se debe a la interferencia de los usos del artículo en los mismos contextos en la L1. Los once casos documentados están distribuidos en los niveles I, II y III y desaparecen en el último nivel, lo que parece significar que se tiende a incorporar los usos correctos del artículo español en este tipo de contextos.

2º Omisión del artículo ante fechas y días de la semana. Este error tiene lugar por la interferencia del uso coloquial del portugués de Brasil, en el que se da una generalización de las excepciones que la gramática normativa portuguesa señala en el uso del artículo. Aunque el número de errores no es especialmente significativo, seis muestras distribuidas en los diferentes niveles, hay que tener en cuenta que, en el corpus, apenas se ha producido la correcta utilización del artículo en los contextos indicados, por lo que puede considerarse un error de tipo persistente.

3º Omisión del artículo en las construcciones con *que* relativo: *trabajo en una escuela pública... en ( ) que doy clases* (IV), omisión que se explica por la interferencia de la norma y el uso de la L1. De las nueve muestras erróneas documentadas, seis se encuentran en el primer nivel y las tres restantes pertenecen al nivel IV, en la producción de dos aprendices solamente, por lo que resulta difícil opinar sobre el carácter transitorio o permanente de dichos errores; habría que contrastar estas muestras con otros estudios de análisis de errores, o bien aplicar ejercicios específicos con el fin de conseguir un mayor número de enunciados con estructuras de relativo.

En cuanto a los errores con el adjetivo posesivo, hemos señalado incorrecciones de estilo por el uso reiterativo del posesivo, lo que da lugar a construcciones que se sienten como innecesariamente redundantes. La causa de este uso redundante parece estar en la interferencia de la lengua portuguesa coloquial. Por otra parte, el uso inadecuado del posesivo ha sido documentado en los diferentes niveles de aprendizaje de la L2, lo que indica un uso con tendencia a la fosilización.

En lo relativo a los errores en la categoría del pronombre personal, tenemos:

1º Adición sistemática de las formas del pronombre sujeto como elemento redundante en el enunciado, presente en todos los niveles de estudio de la L2. Este uso es contrario a la tendencia existente en la lengua española, que suele prescindir del pronombre sujeto en contextos del tipo: *muchas veces **nosotros** no tenemos la capacidad de conducir nuestros sentimientos* (III), en los que la omisión del pronombre es preferible –al contrario de lo que ocurre en el portugués, sobre todo en el coloquial–, pues el pronombre sujeto no cumple una función enfática ni está empleado como elemento desambiguador. Se trata de inadecuaciones estilísticas, en la producción en lengua extranjera, que presentan una fuerte tendencia a fosilizarse a juzgar por la presencia reiterada de las formas del pronombre sujeto en el corpus –sesenta y ocho muestras–. Por otra parte, tanto la norma gramatical del español como la norma del portugués coinciden en señalar el uso de las formas del pronombre personal como redundante, salvo casos excepcionales; sin embargo, en el portugués coloquial de Brasil, es bastante frecuente que los pronombres aparezcan enunciados sin que este empleo se sienta como redundante.

2º La omisión de las formas del pronombre complemento indirecto va en contra de una fuerte tendencia de uso existente en la lengua española, tanto en los casos en los que su presencia es obligatoria, como en *A mí **(me)** gusta ir al campo* (I) –de los que hemos documentado ocho ejemplos–, como en los casos en que aparece un complemento indirecto no pronominal expreso: *la niña **(le)** ha preguntado a su abuelo si él...*(II), de los que tenemos registrados cinco ejemplos –aunque este último empleo no es considerado agramatical–. Esta clase de error se debe, básicamente, a la interferencia del uso y de la tendencia del portugués coloquial de Brasil a omitir, sistemáticamente, las formas del pronombre complemento, aun cuando la norma coincide en ambas lenguas. En este sentido, nos parece que se trata de un error que se puede fosilizar en gran medida en la competencia lingüística de alumnos brasileños de español; muestra de ello es que, del total de trece casos registrados, seis pertenecen a la producción escrita de los niveles superiores (III y IV).

3º En la colocación de las formas átonas del pronombre aparece enclisis en lugar de proclisis. Es uno de los pocos errores recurrentes en el corpus que se explica en relación con la estructura de la L2. Los nueve ejemplos documentados provienen de los siguientes niveles: I (cuatro casos), III (cuatro casos) y IV (un caso). Estos errores parecen deberse a la confusión y simplificación de las reglas de la lengua meta. Por otra parte, se trata de un error que no debería darse si tenemos en cuenta que el comportamiento del español y del portugués en cuanto al uso de la proclisis se asemeja bastante.

4º Existe proclisis en lugar de enclisis con verbos en infinitivo y gerundio. Los ocho errores documentados se dan con cierta uniformidad en los diferentes niveles. Este orden equivocado se da por interferencia del portugués, tanto normativo como coloquial.

De este resumen de los tipos de errores que con más insistencia se han presentado en el corpus, se deduce el hecho de que la casi totalidad de ellos se debe a la interferencia de la lengua materna, pues de los ocho tipos de errores más frecuentes –tres en el artículo, uno en el posesivo y cuatro en el pronombre– solamente uno tiene una explicación intralingüística, es decir, relacionada con la propia estructura de la lengua meta.

Por otra parte, respecto a los errores por interferencia del portugués recogidos en estas conclusiones, es interesante constatar cómo se deben, en su mayor parte –cuatro de siete–, a la interferencia del registro coloquial del portugués, que, consecuentemente, diverge de la norma prescriptiva. En este sentido, el análisis de errores representa una ventaja sobre el análisis contrastivo, toda vez que este último se caracteriza por llevar a cabo una comparación entre sistemas lingüísticos a partir de la norma aceptada. Si sólo hubiéramos hecho un análisis contrastivo, no hubiéramos podido prever los errores debidos a la interferencia del portugués coloquial.

Desde el punto de vista pedagógico, el valor del análisis de errores presentado radica en señalar algunas zonas problemáticas en la adquisición de la lengua española por brasileños, pues así se tiene mayor información acerca de los ámbitos en los que el profesor debe poner especial énfasis en la enseñanza; además, puede servir de orientación para la preparación de materiales didácticos que incidan sobre esos puntos, en caso de que no se disponga de los adecuados.

6. BIBLIOGRAFÍA

Alonso, A. (1961), "Estilística y gramática del artículo en español", *Estudios lingüísticos. Temas españoles*, Madrid, Gredos, pp. 125-161.
Cunha, C. F. (1972), *Gramática da lingua portuguesa*, Rio de Janeiro, M.E.C.
Gili Gaya, S. (1961), *Curso superior de sintaxis española*, Barcelona, Biblograf.
Matte Bon, F. (1994), *Gramática comunicativa del español*, I, Madrid, Edelsa.
Moliner, M. (1997, 20ª reimp.), *Diccionario de uso del español*, Madrid, Gredos.
Oliveira, D. P. (1989), "O preenchimento, a supressão e a ordem do sujeito e do objeto em sentenças do português do Brasil: um estudo quantitativo", en F. Tarallo (orgs.), *Fotografías sociolingüísticas*, Campinas, Pontes, pp. 44-79.
Real Academia Española (1973), *Esbozo de una nueva gramática de la lengua española*, Madrid, Espasa-Calpe.
Tomazini, V. (1997), *Análisis de errores referidos a las categorías gramaticales en la producción escrita en español de alumnos lusohablantes brasileños*, Memoria de investigación para el *Máster en Enseñanza de Español como Lengua Extranjera*, no publicada, Universidad de Alcalá.
Vázquez Cuesta, P. y Mendes da Luz, M. A. (1987), *Gramática portuguesa*, II, Madrid, Gredos.

ERRORES DE LUSOHABLANTES BRASILEÑOS EN EL USO DE ALGUNAS PREPOSICIONES ESPAÑOLAS

CRISTINA APARECIDA DUARTE
Universidad de Alcalá

1. INTRODUCCIÓN

Este capítulo tiene como objetivo presentar los resultados de un reciente trabajo de investigación[1] sobre los errores que, en principio, los alumnos brasileños de español como segunda lengua cometerían con más frecuencia al utilizar las preposiciones españolas. Quisimos trabajar con las preposiciones debido a dos factores. En primer lugar, nos basamos en una situación real de enseñanza y aprendizaje de estas formas sobre la que queremos llamar la atención de los profesores de español como lengua extranjera: las dificultades de los alumnos brasileños en el uso de determinadas preposiciones españolas y de sus valores. Esos elementos presentan una incuestionable similitud de forma y de valores generales entre las lenguas española y portuguesa, lo que, muchas veces, lleva al alumno brasileño, incluso en niveles más avanzados del aprendizaje, a elegir la preposición equivocada y a cometer errores que no se eliminan fácilmente y que pueden fosilizarse. En segundo lugar, siempre nos ha llamado la atención el hecho de que las preposiciones se incluyan entre los elementos más difíciles de dominar al hablar una segunda lengua, ya sea el español, el portugués, el inglés o cualquier idioma que posea un sistema preposicional. Por todo esto, creemos que identificar las preposiciones y los valores de las mismas que serían, en principio, más problemáticos para los estudiantes brasileños de español, puede ayudarnos a todos nosotros, los profesores de E/LE, en la elaboración de actividades y ejercicios específicos sobre esos casos para dicho grupo de estudiantes.

Antes de exponer los resultados de nuestro trabajo, es necesario aclarar algunas cuestiones en cuanto al estudio que realizamos. La metodología que adoptamos fue

---

[1] Nos referimos a nuestra memoria titulada *Análisis contrastivo de las preposiciones portuguesas y españolas. Análisis de errores en el uso de las preposiciones españolas por lusohablantes brasileños*, presentada en el *Máster en Enseñanza de Español como Lengua Extranjera* de la Universidad de Alcalá, en el año 1997, y realizada bajo la dirección de la Profesora Doctora Dª Inmaculada Penadés Martínez.

el análisis contrastivo de las preposiciones y de sus valores en los citados idiomas y el análisis de errores. Debido a los límites de espacio a los que tenemos que atenernos en este capítulo, no podemos tratar aquí las semejanzas y diferencias entre los sistemas preposicionales del español y del portugués, o sea, no nos referiremos a los resultados del análisis contrastivo, pero, sin profundizar sobre el tema, en algunos momentos explicaremos el funcionamiento de algunas preposiciones, en concreto cuando esté relacionado con la supuesta razón por la que, en principio, el alumno brasileño se equivoca al utilizar una determinada forma en un caso específico. Como comentario general, queremos aclarar que el análisis contrastivo nos sirvió en la citada memoria para indicar los casos que teóricamente presentarían más dificultades a los alumnos brasileños al aprender el sistema preposicional español, ya que hay usos que no son exactamente idénticos o que, de hecho, son completamente diferentes. Para ello, utilizamos en C. A. Duarte (1997) ejemplos de gramáticas, de monografías sobre el tema, de obras literarias y otros elaborados por nosotros.

Después de la realización del análisis contrastivo, pasamos a analizar ejemplos reales de uso de las preposiciones en textos escritos producidos por estudiantes. Es importante aclarar que nuestra intención en la investigación no era realizar un estudio sobre el análisis de errores en la adquisición del español, sino solamente indicar al profesor de español como lengua extranjera los casos que merecen una atención especial cuando tenga alumnos brasileños en su aula.

El corpus de análisis estaba compuesto por setenta redacciones de alumnos universitarios de los cuatro años de las licenciaturas de Letras y Traducción de la UNESP –Universidade Estadual Paulista Júlio de Mesquita Filho–, localizada en São Paulo, Brasil[2]. Cada redacción consistía en la exposición de las ideas de los estudiantes acerca de uno de estos dos temas: sus proyectos para el futuro o los recuerdos de un viaje. De estas redacciones se sacaron los ejemplos analizados, teniendo en cuenta que cada uno de ellos va precedido por un número romano entre paréntesis para indicar el año de la licenciatura en que se encuentra el alumno:

(II) fuimos para casa ( ) contar lo ocurrido

Así, este ejemplo fue producido por un alumno del segundo año; además, el paréntesis vacío indica la ausencia de la preposición que debería haber sido empleada, en este caso *a*. Por una cuestión de espacio, el número de ejemplos se verá aquí reducido. También respecto a la presentación, destacamos que, cuando sea necesario, se traducirán al español las palabras que el estudiante ha utilizado en portugués o que

---

[2] Todos los ejemplos incluidos en este capítulo se encuentran en la memoria citada anteriormente y fueron extraídos de V. Tomazini (1997). La numeración que sirve para identificar los ejemplos es la misma que utiliza V. Tomazini (1997).

están a medio camino entre las dos lenguas; la traducción figura entre paréntesis. Por otra parte, no serán corregidos los errores relacionados con la ortografía si permiten la comprensión del fragmento en cuestión. Nuestros comentarios se van a centrar en formas muy utilizadas en portugués y en español, las cuales constituyen, desde nuestro punto de vista, los casos que parecen revelar algunas de las mayores dificultades del alumno brasileño al utilizar las preposiciones en la lengua extranjera. Como ya hemos indicado, existe un gran paralelismo sintáctico y semántico entre las preposiciones en ambas lenguas, lo que, indudablemente, cuenta como aspecto favorable para el estudiante, puesto que las reglas de funcionamiento de la lengua meta, en este caso, no son tan distintas en relación con las normas que rigen el uso de las preposiciones en su lengua materna. Sin embargo, el paralelismo no es exacto y existen dificultades, que pueden ser menores en comparación con otras lenguas u otros aspectos gramaticales del español, pero lo importante es que se dan. En ese sentido, el conocimiento de los aspectos más problemáticos puede ayudar al profesor a elaborar ejercicios específicos que contribuyan al proceso de aprendizaje.

En cuanto a los procedimientos que se verifican en la utilización incorrecta de la preposición, se pueden observar tres tipos distintos en los ejemplos que analizamos: el alumno omite la forma correcta (omisión), añade una preposición innecesaria (adición) o permuta la preposición correcta por otra forma (permutación o elección errónea)[3]. Aunque indiquemos estos procedimientos, no pretendemos realizar una tipificación específica de errores, puesto que la muestra de lengua es bastante reducida y nuestro objetivo es comentar los ejemplos a partir del análisis contrastivo ya realizado en C. A. Duarte (1997); en otras palabras, presentamos dichos ejemplos como elementos que corroboran empíricamente, en cierta medida, nuestro estudio teórico. Aun sabiendo que sería necesario un corpus lingüístico mucho más amplio para llegar a conclusiones más definitivas, creemos que la muestra es suficiente para indicar algunas de las dificultades básicas que, según nuestra experiencia, presentan los alumnos brasileños.

2. COMENTARIOS A LOS ERRORES

2.1. Preposición *a*
2.1.1. Omisión

Los alumnos tienden a omitir la preposición *a* especialmente cuando introduce el complemento directo de persona o cosa personificada; se trata de una interferencia sintáctica de la lengua materna, puesto que, como se demostró en el

---

[3] Para la tipología de los errores en cuanto al uso de las preposiciones, hemos utilizado la clasificación de I. Santos Gargallo (1993).

estudio contrastivo, son pocos los casos en que se puede emplear esta preposición para esta función en la lengua portuguesa. También se omite la preposición en la perífrasis verbal *ir + a +* infinitivo. Estos casos de omisión nos parecen dos de las principales dificultades relacionadas con el uso de la preposición *a* en español. En general, los dos se refieren a la construcción de sintagmas con verbos que en portugués no exigen la preposición: *ir, conocer, encontrar, ver, ayudar* y *jugar,* entre otros.

2.1.1.1. Perífrasis verbal *ir + a +* infinitivo

(I) voy ( ) ayudar ( ) las personas que necesitaren
(I) Va ( ) ser muy divertido
(III) donde voy ( ) vivir
(III) fui ( ) pasear en el campo
(IV) voy ( ) venderlos

Observamos que esta construcción de la lengua portuguesa, es decir, el verbo *ir* sin la preposición antes del infinitivo, se repite en todos los niveles de aprendizaje: desde los principiantes hasta las etapas más avanzadas. Se trata de un error que puede fosilizarse; el alumno tendrá que eliminarlo a través de mucho entrenamiento y práctica de ejercicios.

2.1.1.2. Verbos *conocer, encontrar, ayudar* y *ver*
- Conocer

(I) conocí ( ) un chico
(II) conocimos ( ) muchos estrangeros
(III) yo conocí ( ) un chico muy bello y inteligente

- Encontrar

(I) si algun día encuentrar ( ) un bonito rapaz
(si algún día encontrar a un chico guapo)
(III) encontramos ( ) muchas personas conocidas

- Ayudar

En el caso de este verbo, en portugués se permiten las dos construcciones, o sea, con y sin preposición, sin variación de significado. Quizás exista una mayor tendencia al uso del sintagma sin preposición, sobre todo en el lenguaje informal, y el alumno transfiere dicha construcción al español:

(I) me gusta ... ayudar ( ) quien necesita
(II) ayudaba ( ) su padre a limpiar

- Ver

(I) quiero voltar a ver ( ) mis amigos
(quiero volver a ver a mis amigos)
(I) en la estación de autobús no vimos ( ) mis primas

2.1.1.3. Otros verbos:

(I) jugaba con sus hermanos ( ) la pelota
(I) ficavamos jugando ( ) las cartas
(nos quedábamos jugando a las cartas)

Aunque P. Vázquez Cuesta y M. A. Mendes da Luz (1987: 238) afirmen que *jogar* (*jugar*) admite el empleo de la preposición, los hablantes brasileños siempre lo utilizan sin *a*: *jogar tênis* (*jugar al tenis*), *jogar cartas* (*jugar a las cartas*), etc.

(IV) está perjudicando cada vez más ( ) los profesionales

El verbo portugués *prejudicar* (*perjudicar*) admite la preposición, pero se trata de una construcción en desuso.

(II) la niña, escuchando ( ) el abuelo...
(III) pidió que llamasen ( ) un viejo amigo
(I) El lugar ( ) que yo voy
(I) lo punto ( ) que yo quiero llegar (el punto al que quiero llegar)

En los dos últimos ejemplos, la lengua portuguesa también exige la preposición *a* delante de los pronombres relativos, que se están refiriendo a complementos de verbos que, en estos casos, exigen la preposición (verbos *ir* y *chegar* (*llegar*)). En las dos lenguas, por tanto, es necesario el uso de *a*; creemos, de esa forma, que el problema está en la adquisición de la norma de la lengua materna, la cual también acaba interfiriendo en el aprendizaje de la lengua extranjera.

2.1.2. Adición

*(I) vi **a** unas piedras*
*(II) pretiendo viajar a Inglaterra ( ) conocer **a** la cultura inglesa.*

En los ejemplos anteriores, la lengua portuguesa rechaza la construcción con *a*, es decir, en portugués y en español la preposición no debe estar presente; no hay, por tanto, interferencia de las reglas de la lengua materna. Es probable que se trate de un caso de generalización del empleo de *a* en la lengua extranjera: el alumno conoce u observa que la utilización de la preposición es mucho más frecuente en español y pasa a emplearla en complementos que no deben ser introducidos por ella.

2.1.3. Permutación
2.1.3.1. Uso de *en* en lugar de *a*

*(I) llegamos **en** Londres en el último día del año*
*(III) y ibamos **en** fiestas típicas*

Como podemos observar, los ejemplos están construidos con los verbos de movimiento *ir* y *llegar*. Señalamos, en el estudio contrastivo expuesto en C. A. Duarte (1997), que dichos verbos exigen, normativamente, la preposición *a* en portugués, al igual que en español. En la norma del portugués, *a* indica el lugar adonde se dirige el movimiento, mientras *em* señala el lugar en contextos predominantemente estáticos. Sin embargo, es predominante en la lengua coloquial la construcción con *em* (*en*) en contextos de movimiento, sobre todo con los verbos *ir* y *chegar* (*llegar*), aunque la gramática no la acepte; como *em* destaca, pues, fundamentalmente el lugar, el hablante prefiere utilizarla en lugar de *a*. Existe una competencia a nivel de uso entre estas dos preposiciones en contextos de movimiento y, debido al uso muy extendido de *em* en dichos contextos, el alumno transfiere la construcción al español. Se trata de uno de los errores más frecuentes.

2.1.3.2. Uso de *para* en lugar de *a*

*(I) Yo fui viajar **para** un congreso*
*(II) llevar mi tía **para** su casa*
*(III) fuimos a viajar **para** una ciudad, pasar el fin de semana*
*(III) Talvez me cambio **para** Araraquara o **para** São Paulo*

Al estudiar las preposiciones portuguesas *a* y *para* en C. A. Duarte (1997), observamos que ambas se intercambian con frecuencia para indicar la dirección del movimiento. La diferencia que parece existir entre la elección de una u otra preposición se relaciona con la permanencia que indican dichas formas: *a* expresa una permanencia breve, o sea, el movimiento indicado por el verbo puede continuar más allá del límite indicado por el segundo término de la relación preposicional; *para*, sin embargo, señala una permanencia definitiva o, por lo menos, más prolongada que *a*, indicando el término del movimiento.

De esa forma, si seguimos los criterios descritos, creemos que la preposición *para* fue empleada de la misma forma que en portugués en los ejemplos II y en el segundo del nivel III, puesto que se trata de contextos en los que podemos reconocer la idea de permanencia prolongada. En los casos restantes no parece haber esa posibilidad de interpretación, es decir, los contextos indican una permanencia más breve y, por lo tanto, la preposición *a* debería ser la forma utilizada en portugués, según la norma. Se observa, por tanto, un uso de *para* que tampoco parece estar permitido por la norma en la lengua materna.

2.1.3.3. Uso de *hasta* en lugar de *a*

*(I) Cuando las vacaciones de julio llegaron, yo fui **hasta** la casa de mi abuela que vive en José Bonifácio*
*(IV) Fuimos en muchos amigos **hasta** Mira Estrela en un acampamiento*

Estos ejemplos parecen mostrar un problema entre dos preposiciones portuguesas: *a* y *até*. *Até* es la preposición que asume prácticamente todas las funciones de *hasta*, señalando el término del movimiento en el espacio, a la vez que destaca el lugar del límite del desplazamiento. En los períodos producidos por los alumnos se deduce, semánticamente, la intención de permanencia del sujeto en el lugar límite del movimiento, pero esta noción no está necesariamente representada con la preposición *até*: las formas *a* y *para* serían las más indicadas. Parece existir, por tanto, o un problema semántico en el empleo de *até* en la lengua materna o un nuevo uso de esta preposición con los significados de *a* y/o *para*. El alumno realiza la transferencia de la preposición que elige en portugués al español, terminando por emplear incorrectamente *hasta* en lugar de *a*.

2.1.3.4. Uso de *hacia* en lugar de *a*

*(IV) El proyecto más "audacioso" que me propuse hasta el momento es un viaje **hacia** España*

La preposición *para*, en portugués, asume las funciones de la española *hacia* y tal vez, en este caso, el alumno haya transferido la forma portuguesa directamente, en un contexto de dirección del movimiento que no acepta la preposición española. En la lengua de partida, serían posibles las preposiciones *a* o *para*, más aceptables en español que *hacia*. Nos parece probable, por tanto, que el alumno desconoce o no tiene asimilado el significado de la preposición española.

2.2. Preposición *en*
2.2.1. Omisión

(II) ( ) Julio pasado fui a Bauru con mi novia
(III) Visitaremos Buenos Aires ( ) enero próximo

Al hacer la comparación entre los usos de *en* en las lenguas portuguesa y española, es preciso llamar la atención sobre una particularidad que es, en general, causa de equivocaciones por parte de los alumnos lusohablantes. Se trata de la presencia o no de la preposición en enunciados temporales. Hay veces en que se suprime la preposición, sobre todo con los días de la semana cuando se omite el artículo. Parece que este fenómeno se extiende, en la lengua coloquial, en general, a los nombres de los meses cuando están determinados (en el ejemplo del nivel II, el adjetivo *pasado* especifica a *Julio* y *próximo* determina a *enero* en el ejemplo del nivel III); de esa forma, el alumno ha transferido la posibilidad de omitir la preposición en portugués a la lengua meta.

2.2.2. Adición

(I) **En** *el sábado por la mañana mis amigos y yo vamos a la playa*
(III) Llegamos **en** *el viernes y volvimos* **en** *el domingo*

La presencia innecesaria de la preposición *en* en los períodos anteriores se debe a la interferencia de la forma portuguesa *em*: cuando indica localización temporal y está presente el artículo siempre se emplea la preposición. Esta construcción es transferida al español de forma equivocada. Se trata, desde nuestra perspectiva, de un caso relativamente poco problemático para los alumnos lusohablantes, pero creemos que es importante la realización de ejercicios específicos que permitan al alumno observar y aprender las veces en que *en* debe emplearse y los casos en que su presencia no es necesaria, puesto que el error vuelve a aparecer incluso en niveles más avanzados del aprendizaje (el III).

2.2.3. Permutación
2.2.3.1. Uso de *de* en lugar de *en*

(I) voy **de** *coche*
(III) fuímos **de** *autobus*
(IV) vamos **de** *tren*

En los ejemplos anteriores se percibe la interferencia de la lengua materna, puesto que la preposición *de* es la forma que indica el medio de transporte en portugués. Como se puede observar, el uso incorrecto de *de*, en este contexto, en lugar de *en* se repite hasta el nivel III del aprendizaje; puede ser un error fosilizable.

2.2.3.2. Uso de *a* en lugar de *en*

> *(III) Al cambio los proyectos profesionales están más al alcance de nuestra dirección*
> *(III) quedamonos al medio de un paraiso verde y fresco*

Curiosamente, los ejemplos se refieren a locuciones construidas con la preposición *en* en portugués y en español. Quizás este tipo de uso incorrecto se deba a una hipótesis equivocada de generalización que hace el alumno sobre el uso de la preposición *a*, al notar que dicha forma aparece en más contextos en la lengua extranjera que en su lengua materna.

2.2.3.3. Uso de *para* en lugar de *en*

> *(II) Después de mucho esfuerzo para subir, o mejor, escalar las calles...*

Esta oración es un caso de interferencia de la lengua materna, ya que la preposición *para* marca, en portugués, la finalidad del esfuerzo realizado por el sujeto en la oración.

2.3. Preposición *de*
2.3.1. Omisión

> *(II) moría de miedo ( ) que el coche quebrasse (se moría de miedo de que el coche se rompiera)*

En este caso, el sustantivo *miedo* exige la preposición *de* como introductora de su complemento. Probablemente se omite la preposición por interferencia de la lengua coloquial portuguesa, que suele construir los complementos nominales sin preposición cuando éstos son introducidos por una conjunción.

2.3.2. Adición

> *(I) me gusta de la idea de ser político*
> *(II) mi gustaria también de gañar mucho dinero*
> *(III) es más fácil proyectar nuestros futuros personales del que proyectar los acontecimientos...*

En los ejemplos anteriores, se da la transferencia de la construcción portuguesa, que exige la preposición. En I y II, el verbo *gustar* presenta dificultad para los alumnos porque siempre se construye con *de* en portugués (observamos que los estudiantes que han producido estos períodos ya tienen prácticamente asimilada la estructura española, porque utilizan el pronombre correctamente). En el caso de III, en la lengua portuguesa está permitida la construcción de períodos comparativos con o sin preposición, sin cambio de significado. El alumno, por tanto, transfiere la estructura con preposición a la lengua extranjera y se equivoca.

2.3.3. Permutación
2.3.3.1. Uso de *a* en lugar de *de*

*(IV) Ellos alquilaron una casa muy cerca **al** hotel dónde estábamos*

En español y en portugués las locuciones se construyen con *de*: *cerca de* y *perto de*, respectivamente. No parece tratarse de un caso de interferencia de la lengua materna, en ningún nivel, ni de norma, ni de uso. Quizás el alumno haya confundido *cerca de* y *cercana a,* pero es sólo una suposición.

2.3.3.2. Uso de *en* en lugar de *de*

*(II) El tren... tenía mucha gente. Casi nos quedamos **en** pie*

Según M. Seco (1995: 289), la locución *en pie* está hoy relegada al uso literario, por tanto, se debe utilizar la locución *de pie* en su lugar. La expresión portuguesa correspondiente también utiliza la preposición *de* (*de pé*); pero, paralelamente a este uso normativo, encontramos otra expresión posible, aunque incorrecta según la norma, con *em* (*em pé*), que el alumno transfiere al español.

*(III) **En** el camino para Itajubá pasamos por muchas otras ciudades*

En esta oración, el problema parece estar también en la lengua de partida, puesto que en portugués existen dos estructuras admisibles: *de caminho a*/*para* o *a caminho de*, correspondientes a la construcción española *de camino a*. El alumno se equivoca en la elección de la preposición inicial en portugués, utilizando *em* como forma que destaca específicamente el lugar. Al construir el período en español, termina por elegir la preposición equivocada también en la lengua extranjera.

2.4. Preposición *desde*
2.4.1. Omisión

(I) descobri que él tenia una novia ( ) hacía un año

En este contexto, el alumno expone la duración temporal de la relación a que hace referencia; por tanto, sería obligatoria la presencia de *desde* antes del verbo *hacer* para transmitir esta noción durativa. En portugués, la misma idea parece transmitirse sólo con el verbo, es decir, no hay motivo para el uso de *desde*, que es una forma mucho menos utilizada en dicha lengua en comparación con la española. El alumno ha transferido la construcción portuguesa al español.

2.4.2. Permutación
2.4.2.1. Uso de *de* en lugar de *desde*

*(I) una piedra... **de** dónde las personas solían saltar*
*(II) sacamos unas fotos **de** dentro del tren*

En los dos ejemplos, se ha utilizado *de* debido a la interferencia de la lengua materna. En el estudio contrastivo realizado en C. A. Duarte (1997), señalamos que la preposición *de* presenta en portugués el rasgo de extensión del movimiento en el espacio, sustituyendo por tanto a *desde*. Los alumnos parecen no identificar ese valor semántico de la forma *desde* española y transfieren la forma portuguesa.

2.5. Preposición *para*
2.5.1. Adición

*(III) y siempre que posible traer **para** junto de mí mis amigos que les gustan del campo*

Se trata de una interferencia de la lengua de partida, pues el verbo *traer* en portugués exige en este contexto un complemento introducido por la preposición.

2.5.2. Permutación
2.5.2.1. Uso de *a* en lugar de *para*

*(II) me parece que tienen muchas cosas artificiales, construyídas especialmente **a** los viajeros*

En este contexto, la preposición señala una relación de finalidad y, por consiguiente, se debería emplear *para* en ambas lenguas. No se trata, por tanto, de un caso de transferencia de una forma de la lengua de partida. Puede que el problema resida en una generalización del uso de *a*, como hemos indicado en otros casos anteriores.

2.5.2.2. Uso de *de* en lugar de *para*

> *(III) solamente los muertos no hacen planeos **de** su vida futura (planes)*
> *(IV) allá tendré dificultades **de** obtener un empleo porque la ciudad es muy pequeña*

En los dos ejemplos nos parece posible el empleo de *de* o *para* en portugués, pero existe una diferencia de intención comunicativa y semántica en la elección de una u otra preposición. Con *de* el hablante está solamente clasificando o caracterizando los sustantivos *planes* y *dificultades*, mientras que, al elegir *para*, se añade el significado de finalidad a los sustantivos. Ahora bien, teniendo en consideración los contextos de las redacciones, nos parece que la noción de finalidad está relativamente clara, sobre todo en cuanto al segundo período se refiere; por tanto, la preposición *para* habría sido la elección más correcta en portugués y en español.

2.6. Preposición *por*
2.6.1. Omisión

> *(I) íamos todos los días a la playa y ( ) la noche íamos al bar (íbamos todos los días a la playa y por la noche íbamos al bar)*

En portugués se indica un período del día, predominantemente, con las preposiciones *a* y *de*: *à noite* (la preposición *a* contraída con el artículo definido *a*) y *de noite* corresponden a *por la noche*. Este caso de omisión no se debe, por tanto, a la transferencia de una forma, normativa o no, de la lengua materna. No nos arriesgamos a explicar el motivo de la omisión porque, como hemos señalado en la introducción de este capítulo, nuestro objetivo no es establecer sin ningún género de dudas el origen del error, sino señalar las construcciones posibles en la lengua de partida que a veces influyen en la elección de las preposiciones equivocadas en la lengua española.

2.6.2. Permutación
2.6.2.1. Uso de *a* en lugar de *por*

> *(I) yo ficava **a** noite en los bares (me quedaba por la noche en los bares)*

Este caso parece tratarse de una transferencia de la locución temporal portuguesa a la que hacíamos referencia en el apartado anterior, la cual se construye con la preposición *a* y el artículo definido *a* en portugués: *à noite*.

> *(II) sé que tengo muchas cosas **a** hacer para lograr mis intentos (sé que tengo muchas cosas por hacer para lograr mis ¿objetivos?)*
> *(II) creo poder cambiar el mundo y pienso que há mucho **a** cambiar*
> *(III) todos los días havia algo **ha** hacer*

Los ejemplos se relacionan con el aspecto ingresivo o de perspectiva futura que presenta la preposición *por* unida a un verbo en infinitivo, en español. Esta noción se expresa en portugués con *para* mediante dos estructuras básicas: acompañada de *ser* y el participio del verbo que aparece en infinitivo en español o acompañada del infinitivo. Si se tratara de una interferencia de la lengua portuguesa, deberíamos, por tanto, encontrar la preposición *para* en los períodos anteriores. La presencia de *a* quizás se explique por una falsa percepción del funcionamiento de esa forma en español: el alumno generaliza su empleo en esta lengua.

> *(I) Me gusta mucho, (...) dar una salida **al** campo (Me gusta mucho (...) dar un paseo por el campo)*
> *(III) A respecto de mis incursiones **al** campo, yo tengo muchos recuerdos (Sobre mis excursiones por el campo, tengo muchos recuerdos)*

En estos períodos, ambas lenguas coinciden en el uso de la preposición *por* y ésta sería la elección correcta. Quizás se trate, como en los casos anteriores, de una falsa percepción del uso de *a* en español.

2.6.2.2. Uso de *en* en lugar de *por*

> *(I) voy a pasear **en** el campo*
> *(III) Devido a la experiencia que tengo en pasear **en** el campo*

En portugués, el verbo *passear* (*pasear*) puede construirse con un complemento circunstancial de lugar introducido por *em* cuando es intransitivo (ejemplo: *Ana passea na praça* / *Ana pasea por la plaza*)), o con un complemento verbal encabezado por la forma *por* cuando es relativo[4] (*O meu pensamento passeava por estes assuntos* (F. Fernandes (1995: 452)) / *Mi pensamiento paseaba por estos asuntos*). Además de la diferencia sintáctica que representan dichos complementos, queremos señalar que con *por* se observa cierto énfasis en la acción y no en el complemento de lugar, destacado éste, en cambio, por la preposición *en*. Los alumnos han transferido la construcción del verbo con complemento circunstancial al español.

2.6.2.3. Uso de *para* en lugar de *por*

*(III) la quota máxima es de $ 500,00 **para** cada persona*

La construcción que aparece en este ejemplo es un caso de interferencia directa de la lengua materna, ya que siempre se usa la preposición *para* en ese contexto: *para* aparece debido a la presencia del adjetivo *cada* en el sintagma preposicional; en su ausencia se utiliza *por* en portugués.

3. A MODO DE CONCLUSIÓN

Aunque los ejemplos examinados no hayan podido comprender todas las preposiciones y sus usos, nos parece que hemos comentado algunos casos importantes de transferencia negativa o interferencia de las preposiciones portuguesas en el proceso de aprendizaje de las formas correspondientes en la lengua española.

Es relevante observar que, muchas veces, la interferencia proviene de la norma de la lengua de partida (el uso de *de* para indicar el medio de transporte

---

[4] Utilizamos aquí la clasificación verbal de F. Fernandes (1995: 25-26), según la cual, los verbos intransitivos, en portugués, son aquellos que no necesitan un complemento u objeto para la comprensión de su significado; aunque aparezcan seguidos de complemento (el denominado *adjunto adverbial*), estos verbos pueden prescindir de él. Los verbos relativos son aquellos que se construyen con un complemento, introducido por preposición, que recibe indirectamente la acción verbal; se trata de verbos con idea transitiva, o sea, exigen un complemento. En la memoria, en el capítulo dedicado al análisis contrastivo, señalamos que la gramática portuguesa considera objeto indirecto todos los complementos introducidos por preposición y que son necesarios para la comprensión del significado del verbo; en el caso de *passear*, sin embargo, su complemento en el ejemplo que comentamos no es un objeto indirecto, sino un *adjunto adverbial* necesario para la comprensión del significado verbal, en este caso; por tanto, el verbo no puede prescindir del complemento. En la oración *Ana passea na praça* el significado del verbo es "andar para distraerse"; en *O meu pensamento passeava por estes assuntos*, *passear* significa "moverse con lentitud". Sin profundizar ahora en la cuestión, destacamos que este verbo también puede ser transitivo y exigir un complemento directo.

en lugar de *en*, por ejemplo), pero hay casos en que se nota la influencia del uso coloquial o informal de la preposición en portugués (el uso de *en* con los verbos *llegar* e *ir*) e incluso se observa la influencia de la mala adquisición del significado de la preposición en la lengua materna (el uso de *até* (*hasta*) en lugar de *a*). Por tanto, podemos observar que hay, en algunos casos, transferencias negativas de construcciones portuguesas no normativas al español. Sin duda, son dificultades añadidas al aprendizaje de las preposiciones españolas.

Sin embargo, también hemos observado la existencia de errores que no parecen relacionarse con la interferencia de construcciones o estructuras –normativas o no– de la lengua materna, sino con mecanismos distintos, como podría ser la generalización de reglas (por ejemplo, el uso de la preposición *a* con complemento directo de cosa: *Vi a unas piedras*), o con problemas relacionados con el uso de la preposición en la lengua materna (en este caso, quizás se trate de errores individuales). No podemos ampliar mucho más las conclusiones sobre los errores de los alumnos porque el material lingüístico analizado no era muy extenso, ya que nuestro objetivo principal consistió en realizar un estudio contrastivo, completado con un análisis de errores, para señalar las preposiciones y los valores que básicamente presentan más dificultades a los alumnos brasileños de español.

Para el profesor lusohablante, algunos tipos de errores, debidos al desconocimiento por parte del alumno del funcionamiento de las preposiciones en la propia lengua materna, pueden ser causa de sorpresa. No obstante, también en estos casos la explicación comparativa de usos y valores de las preposiciones y la realización de ejercicios específicos siguen siendo, desde nuestro punto de vista, un procedimiento pedagógico idóneo para ayudar al alumno en el proceso de aprendizaje desde las etapas iniciales hasta las más avanzadas.

Se puede afirmar que el análisis contrastivo de los valores preposicionales en español y en portugués y el análisis de errores nos permiten señalar las principales preposiciones y valores que pueden ocasionar, en principio, dificultades al alumno brasileño de español como lengua extranjera, y ésa ha sido nuestra intención en el presente trabajo. Entre todos los casos que hemos indicado, queremos destacar a continuación los que suelen ser más frecuentes:

Preposición *a*:
– Omisión delante del complemento directo de persona o cosa personificada (*Vi Juan*).
– Uso innecesario delante de complemento directo de cosa (*Vi **a** unas piedras*).
– Omisión en la construcción *ir + a +* infinitivo (*Voy ducharme*).
– Sustitución por la preposición *para* con verbos de movimiento (*Viajo **para***

Madrid).
– Sustitución por la preposición *en* con verbos de movimiento, sobre todo con *llegar* e *ir* (*Llegamos* **en** *la ciudad. Íbamos* **en** *fiestas típicas*).

Preposiciones *de/desde*:
– Uso de *de* en lugar de *desde* en contextos de localización espacial (**De** *la ventana veo el mar*) y en correlación con *hasta* (*Había manchas* **de** *la cocina* **hasta** *el salón*).
– Uso de *de* en lugar de *desde* para indicar la perspectiva de observación de una determinada situación (**De** *mi punto de vista no hay problema alguno*).
– Omisión de *desde* en la estructura *desde hace* (*La conozco hace dos años*).

Preposición *en*:
– Uso innecesario en estructuras temporales (*Llegó* **en** *el día 15.* **En** *el mes pasado estuve en Alcalá*).
– Cambio por la preposición *de* para expresar el medio de transporte (*Voy* **de** *coche*).

Preposición *por*:
– Sustitución por *para* en la indicación de finalidad, cuando la preposición antecede a un infinitivo (*Queda algo* **para** *hacer*).
– Sustitución por *para* + *ser* + participio en la expresión de perspectiva futura *(La película está* **para** *ser vista.)*

Concluimos señalando que, para proporcionar una visión más completa de los problemas y las dificultades relacionados con el aprendizaje de las preposiciones españolas, sería necesario ampliar el estudio de los sistemas preposicionales de ambas lenguas a otros aspectos, como los usos de la preposición como introductora del complemento de régimen verbal y del complemento nominal, por ejemplo, casos en los que las divergencias son muy considerables y por eso constituyen una fuente importante de errores para hablantes de portugués como lengua materna. No obstante, pensamos que hemos establecido una lista básica con las preposiciones y valores que reúnen ejemplos relevantes de errores y dificultades. El profesor de español para lusohablantes debe tener en cuenta, pues, esas formas preposicionales, para poner especial atención en su enseñanza en el nivel elemental de aprendizaje y para reforzar su sistematización y empleo en los niveles superiores, con actividades de repaso, por ejemplo, que podrán o no comprender todos los valores que hemos señalado, dependiendo del aspecto que resulte más problemático a los estudiantes.

El conocimiento de los temas que pueden ser más complicados para grupos de alumnos que hablan una determinada lengua materna contribuye al proceso de aprendizaje de una segunda lengua y no son pocos los estudiosos que ratifican ese razonamiento y apoyan los trabajos basados en el análisis de errores. S. Fernández López (1994: 380), por ejemplo, afirma que el profesor y el alumno son los beneficiarios de la realización de estudios de dicho tipo, ya que el primero puede poner énfasis en los aspectos problemáticos y elaborar actividades específicas, mientras el segundo recibe explicaciones y ejercita puntos concretos de la gramática que le ayudarán a superar las dificultades con un mejor aprovechamiento del tiempo y del esfuerzo que dedica al estudio de la lengua extranjera. Por su parte, D. Rottenberg (1995: 96), al tratar los errores más frecuentes de los hablantes de sueco al aprender español, también se refiere al carácter práctico y didáctico del establecimiento de los aspectos más problemáticos para el aprendizaje de una lengua extranjera por alumnos que comparten un determinado idioma. Según esta autora, es importante trabajar con los errores porque el profesor, si hace un análisis sistemático, puede saber cuánto falta para que sus alumnos lleguen a la meta propuesta y cuánto queda por aprender; el alumno, por su parte, puede utilizar los errores como "instrumento para someter a prueba hipótesis acerca de la naturaleza de la lengua que está aprendiendo"[5]. En consonancia con lo que afirman las dos autoras, esperamos que la breve relación de preposiciones y valores de uso que hemos presentado en este capítulo sirva para rentabilizar el trabajo del profesor y de los alumnos brasileños de español como lengua extranjera.

4. BIBLIOGRAFÍA

Duarte, C. A. (1997), *Análisis contrastivo de las preposiciones portuguesas y españolas. Análisis de errores en el uso de las preposiciones españolas por lusohablantes brasileños*, Memoria de investigación para el *Máster en Enseñanza de Español como Lengua Extranjera*, no publicada, Universidad de Alcalá.
Fernandes, F. (1995), *Dicionário de verbos e regimes*, São Paulo, Globo.
Fernández López, S. (1994), "Las preposiciones en la interlengua de aprendices de E/LE", en J. Sánchez Lobato e I. Santos Gargallo (eds.), *Problemas y méto-*

---

[5] D. Rottenberg (1995: 96) también indica un tercer beneficiario de los estudios basados en el análisis de errores: el investigador, que puede comprobar determinadas hipótesis sobre cómo se adquiere y se aprende el lenguaje y qué estrategias o procedimientos utiliza el alumno para descubrirlo y asimilarlo.

dos en la enseñanza del español como lengua extranjera, *Actas del IV Congreso Internacional de ASELE, Madrid, 1994*, Madrid, ASELE, pp. 367-380.

Rottenberg, D. (1995), "Los errores ¿considerarlos o reprimirlos?", *Moderna-Sprak*, 1, pp. 96-106.

Santos Gargallo, I. (1993), *Análisis contrastivo, análisis de errores e interlengua en el marco de la lingüística contrastiva*, Madrid, Síntesis.

Seco, M. (1995), *Diccionario de dudas y dificultades de la lengua española*, Madrid, Espasa Calpe.

Tomazini, V. (1997), *Análisis de errores referidos a las categorías gramaticales en la producción escrita en español de alumnos lusohablantes brasileños*, Memoria de investigación para el *Máster en Enseñanza de Español como Lengua Extranjera*, no publicada, Universidad de Alcalá.

Vázquez Cuesta, P. y Mendes da Luz, M. A. (1987), *Gramática portuguesa*, Madrid, Gredos.

ERRORES EN ALGUNAS CATEGORÍAS GRAMATICALES PRODUCIDOS POR HABLANTES DE CHINO APRENDICES DE ESPAÑOL

Tzu-Ju Lin
Universidad de Alcalá

1. INTRODUCCIÓN

En Taiwan, cada año más de 2.500 personas aprenden español como segunda lengua en las universidades, los colegios y en los cursos de postgraduados. Además de estos aprendices –estudiantes de distintos niveles–, otras personas aprenden español por su propio interés o por tener un mayor conocimiento literario, cultural y comercial; la enseñanza a este segundo tipo de aprendices se imparte a través de múltiples medios, como las academias privadas y los programas didácticos de la televisión y de la radio.

Ante el creciente desarrollo e interés por la enseñanza del español como lengua extranjera en Taiwan, notamos la falta de investigaciones aplicadas al aprendizaje del español por parte de los hablantes chinos. Por ello, como trabajo de investigación para el *Máster en Enseñanza de Español como Lengua Extranjera* de la Universidad de Alcalá, decidimos realizar una memoria que se tituló *Análisis de errores en la expresión escrita de estudiantes adultos de español cuya lengua materna es el chino*[1]. Ese trabajo nos permitió llegar a conocer algunos de los errores y de los problemas más relevantes a los que se enfrentan los alumnos chinos. El presente capítulo está dedicado a presentar una parte de esos errores.

Para la elaboración de la memoria nos basamos en un corpus de lengua escrita –74 composiciones y 20 cartas–, realizado por los estudiantes de 1º a 4º curso de las facultades de Filosofía y Letras de las universidades de Ching-Yi y Fu-Jen durante el curso académico 1996-1997. No llevamos a cabo un análisis cuantitativo de los errores, aunque somos conscientes de que, en realidad, la combinación de los métodos o técnicas de tipo cuantitativo y cualitativo es la mejor manera de enfrentarse con los problemas del corpus; sin embargo, al reflexionar sobre el dilema de la limitación de tiempo, nos planteamos, en una primera aproximación al tema, investigar los errores sólo desde un punto de vista cualitativo.

En este capítulo hemos limitado el estudio a algunas clases de palabras o partes de la oración que no tienen significado autónomo: artículo, demostrativo, pronombre personal y preposición, por darse en ellas los errores más frecuentes que

---
[1] Véase T.-J. Lin (1998).

cometen los alumnos chinos, de entre el conjunto de los que analizamos en T.-J. Lin (1998); en muchos casos la causa de tales errores puede atribuirse a la interferencia de la lengua materna. Por eso parece conveniente que destaquemos estos errores sistemáticos causados puntualmente por la interferencia interlingual. Además, hemos intentado mostrar los errores mediante la reproducción de las frases más significativas de los aprendices chinos, describiendo las estructuras sintácticas chinas con breves explicaciones, para que los lectores que no estén familiarizados con el chino las entiendan con facilidad.

Con este capítulo esperamos poder servir de alguna ayuda a los profesores y alumnos chinos que se interesan por la enseñanza y el aprendizaje del español como lengua extanjera. También creemos, además, que se pueden elaborar materiales didácticos más adecuados que los que existen en la actualidad para la enseñanza del español a hablantes cuya lengua materna es el chino, insistiendo en las áreas gramaticales que se han manifestado más proclives a la aparición de errores.

2. Artículo

La mayor parte de los glosodidácticos afirman que cuanto mayor es la distancia entre la lengua nativa y la lengua meta, mayores son las dificultades en el proceso de aprendizaje. Para los aprendices chinos de español, la ausencia de la categoría gramatical del artículo determinado en su lengua materna –aunque puede ser sustituido por determinantes demostrativos o clasificadores– crea una de las áreas de mayor dificultad en el aprendizaje, el uso y la distribución correcta de las formas españolas del artículo determinado e indeterminado.

El análisis de los errores sobre el artículo ha mostrado que los alumnos chinos tienen mayores problemas con el uso del artículo determinado que con el del artículo indeterminado. Los errores se centran en la adición (uso innecesario) y la omisión (representada por el símbolo Ø) del artículo determinado y en la adición y la elección errónea en relación con el indeterminado.

2.1. El artículo determinado
2.1.1. La omisión del artículo determinado

Cuando termina la cena, van a Ø discoteca (III-14)[2]

---

[2] Los números romanos que anteceden al guión, I, II y III, se refieren al curso académico del alumno que ha cometido el error. El IV se refiere al grupo de alumnos que han escrito las cartas (véase para más detalles el apartado 2.1. de T.-J. Lin (1998)). Los números árabes que aparecen después del guión se refieren al autor de la frase del ejemplo.

En cuanto a la omisión del artículo determinado, los errores observados son resultado de la ignorancia de las reglas del sistema español, donde el artículo determinado tiene una función de referencia genérica (para referirse a toda la categoría) y de referencia específica (para referirse especialmente a unos individuos o elementos de una categoría). Por lo tanto, los alumnos tienden a ignorar, como en el ejemplo mostrado, la función lingüística del artículo como actualizador. En español también se usa generalmente el artículo determinado para referirse a ciertas realidades culturales o actividades como *ir al cine, jugar al fútbol, ir a la discoteca*, etc., lo que no sucede en chino. Y eso induce a los alumnos chinos a cometer errores de omisión del artículo determinado.

....pero después de ∅ viernes, yo tendría suerte (IV-4)

Con respecto a los días de la semana, en español se emplea artículo, al contrario de lo que sucede en chino y en otros idiomas (inglés, francés, etc.), donde el día de la semana no va acompañado de ningún artículo. Un error como el anterior puede ser debido a varios aspectos, aparte de la interferencia negativa de la lengua materna que lleva a los alumnos a ignorar las reglas del sistema español para la construcción *el* + día de la semana, pues posiblemente dicho error también se origina por interferencia de otras L3 (inglés, francés). Asimismo, también puede ser debido a la interferencia intralingual, dado que los alumnos se confunden con la construcción *ser* + día de la semana, donde no se usa artículo: *hoy es viernes*.

2.1.2. La adición del artículo determinado

*Espero que pongáis más **los** abrigos y no "catch cold", ayer nosotros sacamos las fotos para que podáis vernos (en las fotos) en **la** Navidad (IV-1)*

En comparación con la cantidad de errores en la omisión del artículo determinado, se encuentran muchos menos con respecto a la adición. Parece que el alumno adquiere una interferencia positiva por la carencia de esta categoría en su lengua nativa. Sin embargo, curiosamente, se observa que la mayoría de los errores fueron cometidos por los estudiantes de los últimos cursos. Estos errores suponen la no distinción entre la clase designada por el sustantivo y un referente concreto y se pueden considerar fruto de la hipercorrección, debido a la experiencia de cometer errores de omisión del artículo en las fases anteriores del aprendizaje.

2.2. El artículo indeterminado
2.2.1. La adición del artículo indeterminado

*Además, hay **un** aire acondicionado (II-20A)*

En el corpus, casi no existen errores por omisión del artículo indeterminado. Excluido el problema de este caso, nos centramos en la presencia innecesaria del artículo indeterminado, como en el ejemplo mencionado. La causa de la adición del artículo no se explica por la regularización a partir de *hay* + art. ind., sino por la interferencia de la lengua materna. En muchos casos, los alumnos chinos usan el artículo indeterminado *un* como forma apocopada del adjetivo numeral *uno* + sustantivo, puesto que en chino el sintagma *aire acondicionado* equivale a 冷氣機 –*acondicionador de aire*, una entidad concreta y contable, al contrario que en español. En consecuencia, la transferencia directa de la lengua materna genera dicho problema en el uso del artículo.

2.2.2. Elección errónea entre el artículo determinado e indeterminado

*Mi casa es **el** apartamento que tiene cinco pisos (II-4A)*

La elección errónea entre las formas *el* / *un* que se observa en el corpus hace que los estudiantes utilicen, casi exclusivamente, la forma *el* sustituyendo a la forma *un*. Errores como éstos son debidos a que las reglas pertinetes del artículo en el sistema español no están bien interiorizadas en el proceso del aprendizaje por falta de la misma categoría en su lengua nativa. Se pueden explicar observando que los alumnos descuidan o ignoran el valor individualizador del indeterminado, referido a un individuo como representante de su clase, y el valor anafórico del artículo determinado, que se aplica más bien a toda la categoría, a un nombre anteriormente mencionado en el contexto y a ideas determinadas, que se suponen y se señalan en el entendimiento de la persona a quien se dirige la palabra.

3. Demostrativo

La complejidad de las distintas formas demostrativas en español provoca una gran dificultad para los estudiantes chinos, dado que en su propia lengua solamente existen dos pronombres demostrativos básicos[3]: 這 (*éste*) y 那 (*ése* y *aquél*), que representan tanto a personas como a cosas. Aunque se aplican directamente a un nombre o a un número-clasificador, los gramáticos chinos los consideran más bien como pronombres. La no distinción entre los pronombres demostrativos y los adjetivos demostrativos, la no distinción entre las formas *ése* y *aquél* y la inexistencia de la forma neutra en la lengua materna china aumentan las dificultades en el aprendizaje de los demostrativos.

---

[3] Véase Z. Xu y M. Zhou (1997: 87).

3.1. Errores causados por interferencia de la L1

*Este viaje será muy alegre, Hugo y Pio se hundan en **éste** viaje ahora. Pero **éste** viaje también gastará mucho dinero (III-9)*

Aunque los alumnos ya conocen las reglas españolas de los demostrativos, todavía aparece una inestabilidad en el estadio de la interlengua. Descuidan la distinta función de *este* sin tilde y *éste* con tilde en la frase por no distinguir entre los pronombres demostrativos y los adjetivos demostrativos en chino.

*Consideran que vale la pena a ver **estos** (III-14)*

El uso incorrecto del pronombre demostrativo como pronombre personal objeto directo es debido a que en la LM (lengua materna) el pronombre demostrativo puede reemplazar al objeto directo[4].

*Yo nunca había visto algo así. **Éste** es verdaderamente impesionante (III-16)*

El problema del uso generalizado del demostrativo se origina por la interferencia de la LM, dado que en chino, excepto en el caso de que se sobreentienda entre los hablantes, en cuanto cambia el tema de las frases, generalmente es necesaria la aparición del sujeto. Si no, se producirá una elisión del sujeto en cadena [sujeto nulo+][5]. En el ejemplo mencionado, en la primera frase el tema es *yo*, el sujeto también es *yo*, pero en la segunda frase el tema ya no es *yo*, sino *algo*. En consecuencia, aparece el nuevo sujeto *éste*.

3.2. Elección errónea
3.2.1. El demostrativo en lugar del artículo

*Además, había muchos museos allí. **Esta** ciudad era muy antigua (III-2)*

---

[4] Véase Y.-H. Liu, W.-Y. Pan y H. Guh (1996: 42).
[5] Según J. M. Licera (1996: 27-33), el rasgo [+/- fuerte] es una redefinición de los parámetros como rasgos de propiedades binarias ligados a las categorías funcionales, lo que lleva a que las lenguas se diferencien por esas categorías en estudios de adquisición. Por ejemplo, a la hora de hallar diferencias entre la lengua española (L2), inglesa (L3) y china (L1) con respecto al [sujeto nulo], éste se representa así para las tres lenguas, repectivamente: [sujetos nulos+], [sujetos nulos-] y [sujetos nulos+]. Se distinguen los rasgos entre las tres debido a que el inglés es la única lengua que siempre lleva sujeto y se corresponde con el rasgo [-]. Sin embargo, aunque esa L3 también tiene la posibilidad de inducir a los alumnos chinos a cometer errores en el uso innecesario del demostrativo por sus [sujetos nulos-], consideramos que no es la causante principal de los errores mencionados.

Los alumnos chinos, por la carencia del artículo en su lengua materna, tienen tendencia a sustituirlo por el demostrativo. Saben que el artículo y el demostrativo tienen la misma función anafórica, pero no se dan cuenta de la diferencia que existe entre ellos. A partir de la generalización del demostrativo, se produce una serie de errores como el del ejemplo. Los alumnos descuidan las restricciones de los demostrativos, los cuales se aplican siempre a sustantivos que ya han aparecido en el texto. Sin embargo, *esta ciudad* no ha aparecido anteriormente en la redacción del alumno, con lo que debería usar el artículo en vez del demostrativo.

4. Pronombre personal

4.1. El pronombre sujeto
4.1.1. El uso redundante del pronombre sujeto

*Pero si este invierno **yo** pudiera ir a España, **yo** iría a ver vosotros todos (IV-20)*

El chino es una lengua que no posee concordancia de flexión y, además, como hemos señalado anteriormente, es una lengua de [sujeto nulo+]; a través de una orientación discursiva se produce generalmente una elisión de sujetos. Si los alumnos transfieren esta particularidad directamente al español, es extraño que aparezcan sujetos pronominales redundantes en la interlengua española. Así que la causa de estos errores seguramente está relacionada con el uso reiterado del sujeto en chino debido al énfasis que se pone en él, tal como sucede en el ejemplo.

*Lo siento que no te escrbí este mes, pero **tú** sabes por qué? (IV-8)*

Se observa un uso superfluo del pronombre personal *tú* por influencia de la LM, especialmente porque el escritor desea conocer información nueva del receptor y pone énfasis en éste utilizando el pronombre *tú* innecesariamente. No es extraño que este énfasis lleve a los alumnos chinos a transferir sintácticamente su lengua nativa al español en frases interrogativas y a cometer, por tanto, errores.

4.1.2. El pronombre sujeto en lugar del pronombre complemento tónico

*Luego tomé unas copas y pensé en **tú** (I-9)*

El pronombre personal en chino no presenta variación según las distintas funciones sintácticas. Es decir, su forma es la misma tanto para el nominativo, como para el genitivo o para el dativo (Z. Xu y M. Zhou, 1997: 83). Además, el pronombre personal también desempeña la función de complemento directo, acusativo. El no distinguir las formas en ellos, según sus diferentes funciones sintácticas, induce a los estudiantes chinos a confundirlas y a cometer más errores.

4.2. Los pronombres complementos
4.2.1. El pronombre complemento directo
4.2.1.1. La omisión del pronombre *lo*

En aquel momento ella está buscando el trabajo, no sé si ∅ ha encontrado (IV-6)

En relación con el complemento directo, se verifican errores de omisión del pronombre, particularmente del pronombre *lo* cuando se emplea referido a cosas. Se trata de errores típicos que reaparecen alternativamente hasta las últimas etapas del aprendizaje. Dichos errores se originan en la interferencia de la L1. Según Y.-H. Liu, W.-Y. Pan y H. Guh (1996: 81), en chino la mayoría de los complementos directos se pueden omitir cuando se entienden a través del contexto. Basándose en esto, los hablantes chinos tienden a omitir el pronombre *lo* cuando el referente ya ha aparecido en el contexto anterior y se sobreentiende. Además, debido a que el uso de *lo* todavía no es automático en la interlengua de los alumnos principiantes, en vez de utilizar el pronombre *lo* en función de anáfora, se utiliza una reestruración sintáctica de la frase con repetición del sintagma nominal[6]. No es propiamente un error gramatical, sino que se trata de una estrategia de evasión del uso pronominal que revela una dificultad existente en la interlengua de los alumnos chinos.

4.2.1.2. La adición del pronombre complemento directo

Escribo a ti para saberlo si todavía estás en el mundo (estoy de broma) (IV-5)

En el corpus se encuentran también errores causados por hipercorrección en el uso del pronombre. La experiencia de cometer errores por la interferencia negativa en las primeras etapas de aprendizaje con ciertos verbos: *creer, saber, pensar, sentir,* etc., los cuales suelen llevar complemento directo: *creerlo, saberlo, pensarlo, sentirlo,* lleva a cometer los errores de pronombres átonos innecesarios en las etapas posteriores de la interlengua. El alumno no tiene en cuenta la estructura interna de la oración mencionada, donde la subordinada sustantiva desem-

---

[6] Por ejemplo, en vez de: **La gente ayudó personas cuando personas ∅ necesitaba ayudar* (I-7), debería aparecer: *la gente ayuda a las personas cuando lo necesitan,* y no una reestruración de la frase con repetición del sintagma nominal, como *la gente ayuda a las personas cuando las personas necesitan ayuda.*

peña la función de complemento directo y la aparición del pronombre complemento *lo* resulta redundante.

> *Cuando contemplaba el mar,* ***le*** *echa mucho de menos a mi familia (III-15)*

Es obligatorio que aparezca un pronombre redundante con función enfática cuando el sustantivo o complemento directo se antepone al verbo, por ejemplo: *A mi familia la echo mucho de menos.* En cambio, en este ejemplo, la aparición del pronombre redundante resulta agramatical, ya que no hay un referente antepuesto, encontrándose éste después del verbo. Errores frecuentes como éstos, prodríamos explicarlos como errores inducidos por la interferencia intralingual debido al material didáctico que se usa en la clase, donde aparece a menudo la expresión fija *le echo mucho de menos.* Eso lleva a los alumnos chinos a usar el pronombre *le* innecesariamente en frases parecidas. Además, en este mismo caso se observa leísmo, pues el incremento pronominal átono *le* desempeña la misma función de complemento directo que su referente *a mi familia.*

4.2.2. El pronombre complemento indirecto
4.2.2.1. La omisión del pronombre complemento indirecto

> *La secretaria de información Ø aconseja que ellos pueden ir a viajar a Italia (III-4)*

Respecto al objeto indirecto, el problema al que se enfrentan los estudiantes chinos tiene que ver más bien con las estrategias de transferencia que generalmente aplican a su propia lengua para determinar el caso y, a partir de ello, elegir el pronombre. Veamos este ejemplo, donde el error en la omisión del complemento indirecto procede de la estructura sintáctica china. Según Y.-H. Liu, W.-Y. Pan y H. Guh (1996: 243-249), en chino, los verbos de entendimiento y voluntad, como 覺得 (*parecer*), 發現 (*encontrar*), 相信 (*creer*), 建議 (*aconsejar*), etc., tienen como objeto una construcción de sujeto-predicado, o incluso una oración. De ahí que en la estructura española *aconsejar* + *que* + subordinada sustantiva aparezca un error como:

> *aconseja que ellos pueden ir a viajar a Italia.*

La estructura sintáctica de la LM se traslada a la interlengua española, produciéndose un calco sintáctico en español. Además, en español algunos verbos, tales como *gustar, parecer*, etc., se utilizan siempre con objeto indirecto, cosa que los hablantes chinos ignoran, dado que el pronombre personal dativo de estos verbos actúa como sujeto en la lengua materna china. Sin embargo, este tipo de errores podríamos clasificarlos como transitorios, puesto que tras la superación del aprendizaje desaparecen con la práctica.

Me dijeron que cuando vendrías a Taiwan, tendrás que decir ∅ a ellas (IV-3)

Se observa una tendencia muy marcada a reemplazar el pronombre complemento indirecto átono por un pronombre personal tónico. Se aprecia que los alumnos conocen la necesidad de introducir un complemento indirecto y esto les lleva a acudir a elementos de la interlengua que ya poseen. Sin embargo, en la secuencia mencionada, si *a ellas* no se apoya en la forma átona (catafórica) correspondiente, no puede desempeñar por sí misma la función de complemento indirecto. Se trata de un estadio inestable e incompleto de la interlengua que poseen los alumnos, dado que los elementos del clítico, en función de complemento indirecto, todavía no se han interiorizado correctamente. Además, el ejemplo escogido solamente muestra la omisión del complemento indirecto, pero hemos advertido el problema de la transformación del indirecto de tercera persona en *se*, una cuestión de pronombres enclíticos sobre la que hablaremos a continuación.

4.3. Errores en la colocación del pronombre

En chino existen dos formas de colocar dos pronombres[7]. Cuando el pronombre complemento directo (C.D.) es consabido, entonces éste se antepone al complemento indirecto (C.I.): Verbo + C.D. + C.I. o C.D. + Verbo + C.I.; y viceversa, cuando es consabido el complemento indirecto (C.I.), éste es el antepuesto: Verbo + C.I. + C.D. Y cuando el complemento indirecto se pospone al complemento directo, se añade la palabra 給 - *a*[8]. En todo caso, el orden sintáctico de los dos tipos es diferente al del español, donde normalmente los pronombres van antes del verbo, excepto cuando aquéllos tienen una posición enclítica, es decir, van después del verbo y unidos a éste cuando el verbo está en infinitivo, gerundio o imperativo. Estas diferencias existentes en el orden de las estructuras de ambas lenguas provocan dificultades en el uso del pronombre y en su colocación correcta.

¿Comprará lo a mí? (I-3)
Cuando lo recibas, por favor entregas a ellas (IV-14)

La incorrecta colocación del pronombre es debida, como hemos señalado, a la interferencia de la L1. Son errores casi fosilizables que existen en los cuatro cursos y que son causados por la tansferencia de la estructura nativa Verbo + C.D. +

---

[7] Véase Ch. N. Li y S. A. Thompson (1992: 249).
[8] Véase Ch. N. Li y S. A. Thompson (1992: 249-303).

la palabra 给 - *a* + C.I.[9]. Además, la omisión de la variante *se* en el último caso también es un error repetido que puede considerarse como parte de la influencia de la colocación incorrecta de los pronombres, como en el ejemplo *entregas a ellas,* donde la estructura correcta sería con la variante *se*: *entrégaselo.*

5. Preposición

El análisis del corpus muestra que el uso correcto de las preposiciones es uno de los mayores problemas a los que se enfrentan los alumnos chinos en la adquisición y aprendizaje de las reglas de la lengua meta, el español. Y podemos adelantar que el problema consiste en que las dos clases de funciones que cumplen estas partículas resultan arbitrarias y contradictorias para los hablantes chinos. Por un lado, puede ocurrir que, debido a las necesidades de comunicación, la parasinominia de diferentes preposiciones para expresar circunstancias próximas dificulte la elección correcta (ej: la preposición *en* cambia por *a* para indicar lugar, tal como *he estado en España* frente a *te vi a la puerta del cine*). Por otro lado, puede que la preposición funcione como marca regida por el núcleo verbal, es decir, cuando el verbo está relacionado con sintagmas complementos puede necesitar la presencia de una determinada preposición, unida al mismo verbo (ej: *alegrar - alegrarse de*).

Según A. Bello (1962: 42): "Hay preposición de sentido vago que, como *de*, se aplica a gran número de relaciones diversas; hay otras de sentido determinado que, como *sobre*, pintan con bastante claridad relaciones siempre semejantes". Esto ha determinado una hipótesis sobre la mayor o menor frecuencia de aparición de las preposiciones. Es decir, cuantas más posibilidades en amplitud significativa ofrece una preposición, más posibilidad ofrece de su uso y, en consecuencia, más posibilidad de crear errores. Hemos podido comprobar en el corpus que las preposiciones más utilizadas y con las cuales se producen más errores son, por orden de mayor a menor frecuencia, las siguientes: *de*, *en*, *a*, *para*, *por*, *con*, *sobre* y *desde*. Lo cual, sin embargo, no quiere decir que el resto de las preposiciones o locuciones preposicionales esté bien utilizado, sino que aparecen en una proporción mucho menor y se presenta un menor porcentaje de errores en el corpus. Y esto se puede explicar porque, en las composiciones, son los alumnos los que controlan esas producciones libres y, en cuanto encuentran construccio-

---

[9] Hemos explicado en el apartado 4.1.2. que en chino el pronombre personal no presenta variación, es decir, la misma forma sirve para el sujeto, el complemento directo y el complemento indirecto. Todo esto induce a errores vinculados a la estructura sintáctica china: 给 - *a* + complemento indirecto, en vez del pronombre átono de complemento indirecto *me, te, le, nos, os, les,* o de la variante *se,* y se producen errores como los de los ejemplos: * *a mí,* * *a ellas.*

nes dudosas donde aparecen las preposiciones menos conocidas, las evitan y reducen los errores.

En el corpus, los errores que se observan en el uso de las preposiciones podríamos explicarlos desde el punto de vista sintáctico y desde el punto de vista semántico. El primero se refiere a un concepto planteado por L. Tesnière. Es el fenómeno de la traslación[10], por el cual, cuando la preposición precede a un sintagma nominal o a un sintagma verbal, hace que cambie la categoría de dichos sintagmas. Y se refiere también a determinadas preposiciones exigidas obligatoriamente por muchos verbos. Ésta es una cuestión que está relacionada con el suplemento[11] caracterizado por E. Alarcos. En cuanto al segundo, tiene que ver con la referencia de las preposiciones: espacio, tiempo y noción, la cual responde al universo dimensional y al conceptual[12].

Al analizar los errores, nos hemos centrado en las preposiciones *a*, *en*, *de*, *por*, *con*, *para* y *desde* y aquéllos se resumen en los tipos siguientes: **1.** uso redundante de la preposición, **2.** omisión, **3.** elección errónea de la preposición o permutación de la preposición y **4.** elección correcta de la preposición desde el punto de vista semántico, pero incorrecta desde la estructura sintáctica.

5.1. Adición
5.1.1. La preposición *a*

*Ellos decidían **a** hacer un viaje largo, querían ir a Italia en el día 1 de Agosto (III-13)*

En el corpus, en las primeras etapas del aprendizaje, se observan errores intralinguales causados por un proceso de hipercorrección a partir de la construcción Verbo + *a* + C.D. con rasgo humano. Sin embargo, errores como éstos los clasificamos como transitorios debido a que desaparecen en las etapas posteriores de la interlengua. En cambio, nos percatamos de un error típico, que es el del ejemplo seleccionado. La presencia innecesaria de *a* es debida a la transferencia literal[13] de la lengua materna y a la interferencia intralingual, porque no se distingue entre *decidir* + infinitivo y *decidirse* + *a* + infinitivo. Los alumnos consideran la preposición *a* como si fuera un comodín para relacionar dos verbos cuya construcción sea: el verbo + *a* + infinitivo. La simplificación del sistema y la transferencia negativa generan repetidamente errores como éstos.

---

[10] Véase L. Tesnière (1962).
[11] Véase E. Alarcos Llorach (1978).
[12] Véase Antonio Quilis (1971) y S. Gili Gaya (1961).
[13] Los alumnos chinos usan casi siempre la preposición *a* precedida del verbo *decidir* o del pronominal *decidirse* por una interpretación literal de su lengua nativa, dado que ven la *a* como un verbo auxiliar que expresa una continuación de la acción en la lengua materna.

5.1.2. La preposición *en*

> *En este sabado, vamos a una cafetería y llamaremos nuestro planes para ir a Kentin (I-15)*

En el corpus, destaca un error que se mantiene en todos los cursos: es el uso innecesario de la preposición *en* en expresiones temporales. Es un error casi fosilizado que se produce por la influencia interlingual e intralingual conjuntamente. Se debe a que en chino existen preposiciones (在 y 于) que denotan el tiempo en que se realiza la acción y esas preposiciones son equivalentes a la preposición *en* de la L2, tal como *en* (在) *primavera, en* (于) *el año 1998*. Por la generalización de esas reglas aprendidas, los alumnos tienden a poner la preposición *en* innecesariamente en todas las expresiones temporales, sin tener en cuenta que en el caso mencionado, *este sábado*, el sintagma cumple él solo la función de complemento circunstancial de tiempo (el término aditamento en E. Alarcos) sin necesidad del índice funcional, la preposición *en*.

5.1.3. La preposición *por*

> *Nos levantamos a las ocho y fuimos a café. Recorrimos **por** Taipei (I-2)*

Se trata de un error en el uso innecesario de *por* por interferencia intralingual e interlingual, debido a que los alumnos confunden los verbos *correr* y *recorrer*, que se parecen por su significante y su significado, además, en este caso, ambos verbos tienen el mismo equivalente en chino: 走遍. Los alumnos ignoran que *correr* admite la preposición *por*: *corría por el mundo*, pero *recorrer* es transitivo y su C.D., que es *Taipei*, no puede aparecer con la preposición *por*.

5.2. Omisión
5.2.1. La preposición *a*

> *Luego fui al bar y conocía ∅ unos amigo eran muy interesante y humano (I-12)*

Se observan errores frecuentes de omisión de la preposición *a* delante del complemento directo de persona. La causa de la reaparición de estos errores podríamos explicarla por la interferencia de la lengua materna, debido a que en chino, en este caso, no es necesario el uso de la preposición, pero los alumnos transfieren sintácticamente la estructura de la lengua materna a la L2. Sin embargo, se trata de un error transitorio, dado que es superable, ya que cuanto más elevado es el nivel del curso menos errores se cometen.

Por la mañana, jugé ∅ el tenis con mi amigo, era muy interesante (I-9)

Los errores de omisión de la preposición *a*, especialmente precedida del verbo *jugar*, son errores repetidos en la fase primaria del aprendizaje. La causa principal podríamos establecerla en la interferencia interlingual de la L1 (el chino) y de la L3 (el inglés), dado que en ambas lenguas, en chino: 打網球 (*jugar tenis*), y en inglés: *play tennis*, no se necesita la preposición. Los alumnos principiantes tienden a aplicar esta estructura sintáctica a la L2. No se percatan de las restricciones de las reglas de la L2: el núcleo verbal *jugar* exige la preposición *a*, tal como *jugar al tenis, jugar a las cartas,* de manera fija.

Me parece que mi habitación es muy bonita. Da al campo y ∅ río (II-12A)

Se observan errores respecto a la omisión de la preposición *a* en los sintagmas coordinados. En cuanto al caso citado, lo que se coordina son dos suplementos regidos por el verbo. Ha de aparecer la preposición también en el segundo término. Los alumnos tienden a cometer errores como éstos, cuya causa se puede atribuir a la ignorancia de la estructura sintáctica de la coordinación o a no saber la función que desempeña la preposición, más que a la traducción literal de la lengua materna.

Te escribí una vez fechado el día de 24 del septiembre de 1997. Y el día siguiente recibí un aviso de mi PC. Dice que no pueda recibir mi carta tu PC dentro de 5 días, porque te escribí con dibujos (IV-16)

Advertimos que los alumnos no perciben el contraste entre la locución adverbial de tiempo *al día siguiente* y el sintagma *el día siguiente*, debido a que existe un mismo equivalente en la lengua materna (第二天). Además, se observa una tendencia mayor a usar *el día siguiente* en vez de *al día siguiente*. Pero, según F. Matte Bon (1995: 124), *el día siguiente* es una expresión usada para hablar de la unidad de tiempo y en la mayoría de los casos, aunque no siempre, tiene función de sujeto de la oración. En el corpus, la mayoría de las composiciones son de narración escrita, por ello, habría que esperar la aparición de la locución *al día siguiente* para narrar un hecho marcando el transcurso del tiempo con respecto a la situación en que se está hablando. Los alumnos no han sabido apreciar los distintos matices de ambas expresiones; así, las neutralizan y producen errores.

5.2.2. La preposición *de*

Tiene más de dos millones ∅ habitantes (II-10)

El error de *dos millones Ø habitantes* se deriva de la generalización a partir de la expresión *dos mil habitantes*, dado que los alumnos no perciben que *mil* y *millones* son categorías distintas; este último pertenece a la categoría nombre y necesita unirse a otro sintagma nominal mediante el nexo *de*. No obstante, además de esas explicaciones, hechas desde el punto de vista de la influencia intralingual, ese tipo de error podríamos explicarlo también por la lengua materna, dado que la estructura nombre + *de* + nombre puede equivaler a la estructura nombre + nombre en chino, es decir, en chino, el nombre puede modificar directamente a otro nombre sin preposición. Veamos dos ejemplos: 兩百萬居民 *dos millón habitante* y 電話號碼 *teléfono número*; de ahí que los alumnos cometan errores de omisión de la *de*, como en el ejemplo mencionado.

> *No entiendo por qué tienes tantas ganas Ø venir a Taiwan, tú podrías darme unas razones (IV-1)*

Una vez más, el error también se puede explicar por la interferencia intralingual e interlingual. Por un lado, este error es causado por la generalización de una regla aprendida: en las oraciones de deseos, tales como *Quiero ir a Taiwan, Espero ir a Taiwan,* si dos verbos comparten el mismo sujeto, el segundo verbo va en infinitivo y no lleva ninguna preposición o transpositor. Los alumnos transfieren la regla anterior a la expresión: *tienes tantas ganas venir a Taiwan,* sin darse cuenta de que *tener ganas de* es una locución verbal, una expresión fija equivalente a un verbo, que rige la preposición *de*. Por otro lado, en este caso, la explicación de la omisión de *de* sería también interlingual, por interferencia del chino, ya que en chino, en esta misma expresión, no es obligatoria la aparición de la preposición como en español; mejor dicho, en chino no existe régimen preposicional de verbos. Así, no cabe duda de que los alumnos cometen otro error más de omisión de la preposición relacionada con la regencia obligatoria.

5.2.3. La preposición *en*

> *He estado Ø sitios distintos, por ejemplo, Toyto, Minkuwu, el jardín de Taulian (I-4)*

En el corpus, en las fases primarias, destacan los errores de omisión de *en*, cuando va precedida de *estar*, para indicar la localización. La explicación está en que hay interferencia de la lengua materna, dado que el verbo *estar* y la preposición *en* tienen el mismo equivalente en chino: 在. Los gramáticos chinos consideran que 在 es una preposición verbal, dado que en chino, por la evolución diacrónica, la preposición 在 conserva la esencia del verbo; en otras palabras, puede que desempeñe la función del verbo y de la preposición. De ahí que los alumnos chinos tiendan a transferir esa 在 a la hora de producir frases, como en el ejemplo mencionado, sustituyendo *estar* + *en* por sólo *estar*.

> *El tráfico en Taichung es mucho mejor que ∅ Taipei. (II-20)*

El ejemplo seleccionado se relaciona directamente con el problema de la comparación. Existe una tendencia marcada a omitir la preposición, tanto en el caso de la comparación de igualdad, como en el caso de la comparación de superioridad. La explicación que se puede dar tiene su origen en la interferencia de la L1. En chino, por economía lingüística, en las oraciones comparativas, basándose en que la idea completa se entenderá implícitamente, en la mayoría de los casos se pueden omitir las palabras del segundo elemento de la comparación que sean idénticas a las del primero. Veamos el ejemplo, es sabido que lo que se está comparando es el segmento primero, *el tráfico en Taichung*, y *el tráfico en Taipei*. De ahí que los alumnos chinos tiendan a realizar una supresión de las palabras que no son necesarias para llegar a la intelección del mensaje en la L1, pero que sí son necesarias para la construcción sintáctica de la L2, tal como ocurre con la preposición *en* en este caso.

> *Hoy la tele de Taiwan pone que ∅ el norte de España hace mucho frío y nevar muchísimo, es verdad? (IV-11)*

La omisión de la preposición en el caso mencionado es debida a que el complemento circunstancial (C.C.) es considerado por los alumnos chinos como si fuera sujeto. Una vez más, los errores se pueden atribuir a la interferencia de la lengua materna, dado que los C.C. de lugar y los C.C. de tiempo, cuando encabezan las oraciones, pueden funcionar como sujetos. Según esto, no nos extraña que los alumnos chinos omitan la preposición de estos complementos circunstanciales, pues han creado falsos sujetos de las oraciones en la estructura sintáctica de la interlengua.

5.3. Elección errónea
5.3.1. La preposición *a*
La preposición *a* es permutada por *en*, como ocurre en:

> *He ido de copas con mi amigo en un bar (I-11)*

En el corpus se observan errores repetidos, como el del ejemplo citado, con tendencia a fosilizar el cambio de *a* por *en* para indicar lugar. Aunque existe una afinidad entre ellas, los alumnos deben tener en cuenta que la preposición *en* generalmente se utiliza para *situación resultativa*: *refuerzos militares en Somalia* (A. Quilis, 1971), y *a* para *movimiento hacia*: *refuerzos militares a Somalia* (A. Quilis, 1971). Es decir, en el caso anterior, al utilizarse un verbo de movimiento, la elección correcta debe ser *a* para indicar movimiento espacial, ya que es hacia donde se produce ese movimiento.

> *Cogíamos el avión. ¿**En** qué hora? No me acordaba bien (III-16)*

Destacan como errores típicos la neutralización de *en* y *a* para indicar el tiempo como en el ejemplo. Son errores producidos por la interferencia de la L1, ya que ambas preposiciones comparten el mismo equivalente temporal, 在, en chino. Lo que los alumnos chinos no obervan es que la preposición *en* no marca el momento exacto que denota *a*. Sólo con *a* se puede expresar un suceso con respecto a una hora fija.

5.3.2. La preposición *para*
Esta preposición es sustituida de manera errónea por *a*:

> *Hoy (13,10,1997) envio un paquete a tu casa, (con) tres cartas **a** Azucena, Yolanda y tú (IV-14)*

Puesto que en muchos casos *a* y *para* se asemejan en sus usos y matices, se observa en el corpus una conmutación indistinta. En cuanto al ejemplo, el complemento indirecto generalmente va precedido de la preposición *a* o *para*, las cuales tienen el mismo equivalente, 給, en chino, de ahí que los alumnos chinos neutralicen las dos preposiciones españolas.

5.3.3. La preposición *por*
La preposición *por* es permutada por *en*:

> ***En** la noche salíamos a cenar y luego fuimos de comprar (I-16)*

El error señalado podríamos explicarlo por interferencia de la L1 y de la L3. En chino existe la preposición 在 para marcar el tiempo y, en la mayoría de casos, esa 在 equivale a la preposición *en*. Según esto, no es extraño que los alumnos la transfieran a la lengua meta: 在晚上 *en la noche*, 在早上 *en la mañana*. Por otro lado, también es posible que los alumnos transfieran las expresiones inglesas (la L3) *in the night, in the morning* a la lengua meta por el parecido semántico, con lo que crean errores como **en la noche* y **en la mañana*.

En otras ocasiones *por* es sustituida, erróneamente, por *de*:

*Empiezan sus viajes **de** Italia (III-1)*

El problema que plantean *de* y *por* en el caso mostrado es debido a la traducción literal de la lengua china: 他們開始了他們的義大利之旅 *ellos empezar sus viajes de Italia*. Los alumnos chinos consideran que el uso de *por* para expresiones de lugar evoca con frecuencia una sensación de lugar cercano a los alrededores del lugar mencionado, es decir, en la frase *el viaje por Italia*, este matiz contribuye a la idea de un viaje a Italia y a los países cercanos o de su alrededor, y no a Italia sólo, de ahí que exista el cambio de *por* por *de*.

5.3.4. La preposición *en*
Esta preposición es sustituida por los alumnos por la forma *a*:

*Taichung es una ciudad bonita que está **al** oeste de Taiwan (II-6)*

Es una cuestión de neutralización de *en* y *a* a la hora de expresar direcciones abstractas, dado que las diferentes denotaciones direccionales *al* + puntos cardinales + *de* y *en el* + puntos cardinales + *de*, como en los ejemplos: *Asturias está en el norte de España* y *Francia está al norte de España,* tienen el mismo equivalente en chino. La no distinción de una u otra provoca un malentendido en la frase mencionada, ya que, en realidad, la ciudad de *Taichung* está situada en *Taiwan*.

En otros casos, la preposición *en* es reemplazada por *con*:

*Ellos salieron **con** el tren a las diez y media (III-7)*

En chino, no se usa la preposición delante de medios de transportes que desempeñan la función de aditamento, sino que se usa el verbo + C.D. (nombre del transporte). Esta diferencia produce una confusión ante la elección correcta de las preposiciones en la lengua meta. En el caso citado, el error se produce, además, por las expresiones ya aprendidas: *Fuimos con el coche de María y fuimos en el coche de María*, en las cuales el uso de una u otra preposición informa sobre el instrumento o el medio, lo cual induce al error del caso mencionado.

5.3.5. La preposición *desde*
Desde es permutada por *en*:

*Por la noche fuimos de copas en bar y miramos las estrellas **en** la montaña Yan-Mi (I-2)*

En chino, existen dos preposiciones que disponen de las mismas características que las preposiciones *desde* y *en*. Nos llama, por tanto, la atención que se observe en el corpus la permutación de esas dos preposiciones. La tendencia a utilizar *en* en vez de *desde* se podría explicar diciendo que ésta posee poca rentabilidad en la interlengua de los alumnos chinos; así, no están tan familiarizados como con el uso de *en* e ignoran el uso correcto de *desde*.

6. BIBLIOGRAFÍA

Alarcos Llorach, E. (1978), *Estudios de gramática funcional del español*, Madrid, Gredos.
Bello, A. (1962), *Gramática de la lengua castellana*, Madrid, Sopena.
Gili Gaya, S. (1961), *Curso superior de sintaxis española*, Barcelona, Biblograf.
Li, Ch. N. y Thompson, S. A. (1992), 漢語語法 (*Mandarin Chinese, a functional reference grammar*), 文鶴出版 (Taiwan).
Licera, J. M. (1996), *La adquisición de las lenguas segundas y la gramática universal*, Madrid, Síntesis.
Lin, T.-J. (1998), *Análisis de errores en la expresión escrita de estudiantes adultos de español cuya lengua materna es el chino*, Memoria de investigación para el *Máster en Enseñanza de Español como Lengua Extranjera*, no publicada, Universidad de Alcalá.
Liu, Y.-H., Pan, W.-Y. y Guh, H. (1996), 實用現代漢語語法 (*Modern Chinese grammar*), 師大書院出版 (Taiwan).
Matte Bon, F. (1995), *Gramática conmunicativa del español,* Tomo I y II, Madrid, Edelsa.
Quilis, A. (1971), *Gramática del español,* Madrid, Ediciones Alcalá.
Tesnière, L. (1962), *Éléments de syntaxe structurale*, Paris, Klincksieck.
Xu, Z. y Zhou, M. (1997), *Gramática china,* Barcelona, Servei de Publicacions de la Universitat Autònoma de Barcelona.